गॉडसीगल के 4 इन 1 उ
लिंक के सा.

7 पहाड़ों पर आग से नमकीन, 14 कहानियों के साथ— परमेश्वर की बढ़ोतरी के लिए प्रासंगिक बनना

; आप में छिपा खज़ाना – इफिसियों 1;

खामोश युद्ध: यह है

समाप्तः एक जीवित वेदी बनना

द्वारा

ज़ाकारियास गॉडसीगल ; राजदूत मंडे ओ. ओगबे ; कम्फर्ट लाडी ओगबे

Table of Contents

कॉपीराइट पृष्ठ

प्रकाशित:
ज़ाकारियास गॉडसीगल और गॉड्स ईगल मिनिस्ट्रीज़ (GEM)
www.otakada.org

जब तक कुछ और न बताया गया हो, पवित्र शास्त्र के कोट पवित्र बाइबिल से हैं। बाइबिल के सभी रेफरेंस फेयर-यूज़ गाइडलाइन के तहत सिखाने, पढ़ाई करने और आध्यात्मिक विकास में बदलाव लाने के लिए इस्तेमाल किए जाते हैं।

यह किताब सिखाने, सोचने और आध्यात्मिक मतलब निकालने का काम है। इसमें इस्तेमाल की गई असल ज़िंदगी की कहानियों में मिले-

जुले किरदार या प्राइवेसी बनाए रखने के लिए बदले हुए डिटेल्स हो सकते हैं, साथ ही सच्चाई और असर भी बना रहेगा।

कवर डिज़ाइन: "गॉड्स ईगल क्रिएटिव टीम"]

संयुक्त राज्य अमेरिका में मुद्रित

समर्पण

हम यह काम उन सभी को समर्पित करते हैं जो परमेश्वर के उद्देश्य के साथ तालमेल बिठाने के लिए तरसते हैं—
उन लोगों को जो आग से गुज़र रहे हैं, चुपचाप इंतज़ार कर रहे हैं, या अपने अंदर छिपे खजाने को पहचान रहे हैं।

ये शब्द आपके पैरों को स्थिर करें, आपके विश्वास को मज़बूत करें, और आपको वह बनने में मदद करें जो स्वर्ग ने आपको बनने के लिए बनाया है।

— ज़ाकारियास गॉडसीगल, राजदूत मंडे ओ. ओगबे, कम्फर्ट लाडी ओगबे

स्वीकृतियाँ

हम उन सभी आवाज़ों, दिलों और हाथों का शुक्रिया अदा करते हैं जिन्होंने इस काम को सच करने में मदद की।
पादरियों, टीचरों, बीच-बचाव करने वालों और रोज़मर्रा के विश्वासियों का जिन्होंने अपने अनुभव शेयर किए, सवाल पूछे और समझ दी—इन पन्नों में कैद इस सफ़र को आकार देने के लिए आपका धन्यवाद।

सात पहाड़ों को पार करके दुनिया भर के चर्च को,
आपकी हिम्मत, आपके विश्वास और भगवान के मकसद को पाने की आपकी पक्की कोशिश के लिए धन्यवाद। ये शिक्षाएँ आपके इरादे को मज़बूत करें और आपकी आग को जला दें।

गॉडसीगल के 4 इन 1 उपदेशों के बारे में – ऑडियो लिंक के साथ :

7 पहाड़ों पर आग से नमकीन, 14 कहानियों के साथ• आप में छिपा खजाना – इफिसियों 1 • खामोश युद्ध• यह खत्म हो गया है: एक जीवित वेदी बनना

क्या आप अपनी ज़िंदगी को इंसानी कामयाबी से माप रहे हैं—या आसमान की आग से?
इस दमदार 4-इन-1 वॉल्यूम में, ज़ाकारियास गॉडसीगल ने चार भविष्य बताने वाली शिक्षाएँ इकट्ठा की हैं जो आपके दिल को भगवान के मकसद के साथ फिर से जोड़ेंगी, मसीह में आपकी असली पहचान जगाएँगी, और आपको रोज़ाना समर्पण की गहरी राह पर चलने के लिए कहेंगी। हर संदेश को धर्मग्रंथों, कहानियों, प्रार्थनाओं, घोषणाओं और सोचने-समझने वाले सवालों के साथ बढ़ाया गया है—साथ ही **ऑडियो लिंक भी हैं** ताकि आप चलते-फिरते सुन सकें, सीख सकें और भगवान की मौजूदगी में डूब सकें।

1. 7 पहाड़ों पर आग से नमकीन, 14 कहानियों के साथ—परमेश्वर की बढ़ोतरी के लिए प्रासंगिक बनना

किंगडम में सफलता नंबर, तालियों या स्पीड से नहीं मापी जाती—बल्कि **अलाइनमेंट से** मापी जाती है। असर के सात पहाड़ों (विश्वास,

परिवार, शिक्षा, सरकार, मीडिया, कला और मनोरंजन, बिज़नेस) और 14 **असल ज़िंदगी की कहानियों के ज़रिए** , आप देखेंगे कि भगवान कैसे इरादों को बेहतर बनाने, बुलावे को शुद्ध करने और सच्ची अहमियत को ज़ाहिर करने के लिए आग का इस्तेमाल करते हैं।

आप जानेंगे:

- क्यों परमेश्वर की आग तैयारी है, सज़ा नहीं
- अपने प्रभाव के पहाड़ को कैसे पहचानें
- परमेश्वर की इच्छा के साथ फिर से जुड़ने के लिए प्रैक्टिकल कदम और प्रार्थनाएँ
- आपके काम को "फायर टेस्ट पास करने" में मदद करने के लिए रिफ्लेक्शन सवाल और घोषणाएँ

2. आप में छिपा खजाना – इफिसियों 1 से 12 पाठों तक की यात्रा

इफिसियों 1 पहचान, मकसद और किस्मत का खज़ाना है। इन बारह आसान लेकिन ज़रूरी सबकों से आप सीखेंगे कि:

- **दुनिया की शुरुआत से पहले ही** आपको जाना और चुना गया था
- मसीह में सिर्फ़ आज़ाद नहीं, बल्कि **बहुत ज़्यादा आज़ाद हैं**
- आप **पर पवित्र आत्मा की मुहर लगी है** , स्वर्ग का साइन और सपोर्ट है
- चर्च ईश्वर की राष्ट्र बनाने वाली संस्था है—नाइजीरिया और राष्ट्रों के लिए एक भविष्यसूचक चेतावनी के साथ

हर लेसन में धर्मग्रंथ, खुलासे, प्रैक्टिकल "एक्शन" स्टेप्स, सोचने के सवाल, घोषणाएं और प्रार्थना शामिल हैं।

3. द साइलेंट वॉर – 12 सबक जब चुप्पी ठीक करती है, जब चुप्पी नुकसान पहुंचाती है, और जब चुप्पी भगवान की सबसे ऊंची आवाज़ बन जाती है

चुप्पी एक इलाज का हथियार हो सकती है—या एक खतरनाक जाल। सच्ची कहानियों और धर्मग्रंथों से मिली सीख से, आप सीखेंगे:

- जब मौन ज्ञान और आध्यात्मिक परिपक्वता है
- जब चुप्पी **पाप, चालाकी या दुश्मन के साथ समझौता बन जाती है**
- कैसे भगवान कभी-कभी खामोशी के समय में सबसे ज़ोर से बोलते हैं
- नुकसान पहुंचाने वाली, डरावनी चुप्पी कैसे तोड़ें और मदद और इलाज के लिए आवाज़ कैसे उठाएं

हर चैप्टर एक छोटी सी **प्रार्थना और घोषणा के साथ खत्म होता है** , ताकि आपको नुकसान पहुंचाने वाली चुप्पी में नहीं, बल्कि पवित्र शांति में चलने में मदद मिले।

4. **यह पूरा हो गया है: एक जीवित वेदी बनना**

अब "ऊँची वेदियों" या कभी न खत्म होने वाले बलिदानों के पीछे भागने की ज़रूरत नहीं है। क्रॉस पर, यीशु ने कहा, *"यह पूरा हो गया है।"* यह शिक्षा धीरे-धीरे लेकिन मज़बूती से आपको रीति-रिवाजों के पीछे भागने से हटाकर रोज़मर्रा की ज़िंदगी में **भगवान की वेदी के तौर पर जीने की ओर ले जाती है** । आप सीखेंगे:

- वेदी असल में क्या है—और आपका दिल, घर और काम कैसे एक हो सकते हैं
- क्रॉस कैसे हर मुकाबले वाली वेदी को खत्म करता है और सच्ची आज़ादी का रास्ता खोलता है
- **चलती-फिरती वेदी** की तरह जीने के आसान, प्रैक्टिकल कदम —एक ऐसा जीवन जो पूरी तरह से परमेश्वर को समर्पित हो

- दिल से किया गया कबूलनामा, हिम्मत भरी बातें, और नई शुरुआत करने में आपकी मदद करने के लिए नई शुरुआत की प्रार्थना

यह किताब इसके लिए है:

- विश्वासी जो परमेश्वर के उद्देश्य के साथ गहरे जुड़ाव के लिए उत्सुक हैं
- "सात पहाड़ों" में से किसी पर भी लीडर जो रिफाइनिंग आग की गर्मी महसूस करते हैं
- कोई भी व्यक्ति जो पहचान, चुप्पी, आध्यात्मिक युद्ध या धार्मिक प्रदर्शन से जूझ रहा हो
- मध्यस्थ, पादरी और रोज़ाना के शिष्य जो राष्ट्रीय बदलाव के लिए एक बुलावा महसूस करते हैं

यदि आप ऐसा जीवन जीना चाहते हैं जो **अग्नि परीक्षा में उत्तीर्ण हो** , **अपनी सच्ची पहचान के** साथ चले , **मौन का बुद्धिमानी से उपयोग करे** , और ईश्वर की उपस्थिति के लिए एक **जीवित वेदी बन जाए** ... तो यह 4-इन-1 संग्रह आपको मार्गदर्शन करेगा, चुनौती देगा, और प्रोत्साहित करेगा - पृष्ठ दर पृष्ठ, प्रार्थना दर प्रार्थना।

बैक कवर ब्लर्ब

एक ही किताब में ज़िंदगी बदलने वाले चार मैसेज—ये आपके विश्वास को फिर से जोड़ने, आपकी पहचान जगाने, आपकी आवाज़ को मज़बूत करने और भगवान के साथ आपके रास्ते में नई जान डालने के लिए बनाए गए हैं।

उस आग से जो आपके बुलावे को बेहतर बनाती है, उस खजाने तक जो भगवान ने आप में छिपाया है, चुपचाप लड़ी गई लड़ाइयों तक, और

क्रॉस के पूरे हुए काम तक—यह किताब आपको साफ़गोई, हिम्मत और आध्यात्मिक अहमियत के साथ एक सच्चे किंगडम एंबेसडर के तौर पर जीने के काबिल बनाती है।

प्रस्तावना

इतिहास में ऐसे पल आते हैं जब पवित्र आत्मा धरती पर एक आवाज़ भेजती है—

एक ऐसी आवाज़ जो इंसानी समझ से नहीं, बल्कि स्वर्ग की ज़रूरत से उठती है। यह किताब उस आवाज़ को बताती है।

आप कोई उपदेश नहीं दे रहे हैं।

आप एक बुलावा दे रहे हैं। एक बुलावा। आग, पहचान, चुप्पी और सरेंडर के चौराहे पर खड़ी एक पीढ़ी के लिए दिव्य महत्व की एक हलचल।

इस वॉल्यूम का हर मैसेज— *सॉल्टेड बाय फायर, द ट्रेज़र हिडन इन यू, द साइलेंट वॉर,* और *इट इज़ फ़िनिश्ड*—सिर्फ एक सीख नहीं है। यह एक बनावट है। यह एक स्पिरिचुअल आर्किटेक्चर है। यह भगवान का हमारे जीवन के बिखरे हुए पत्थरों को लेना और एक ऐसी वेदी को फिर से बनाना है जहाँ उनकी मौजूदगी हो।

सॉल्टेड बाय फायर में , आपको पता चलेगा कि भगवान क्यों परखते हैं कि वे किस पर भरोसा करना चाहते हैं। आग किस्मत की दुश्मन नहीं है—यह उसकी दाई है। असर के सात पहाड़ों की असली कहानियों के ज़रिए, मुझे याद दिलाया गया कि भगवान की तरक्की का रास्ता कभी भी आसानी से नहीं, बल्कि तालमेल से होता है।

'द ट्रेज़र हिडन इन यू' में , इफिसियों 1 पर से पर्दा इस तरह हटाया गया है जैसा बहुत कम लोग अनुभव करते हैं। पहचान एक ईसाई कॉन्सेप्ट नहीं रह जाती और एक आध्यात्मिक जन्मस्थान बन जाती है—एक वापसी जो हम धरती पर कुछ भी होने से पहले भगवान में थे।

साइलेंट वॉर आत्मा की सबसे गलत समझी जाने वाली लड़ाइयों में से एक का सामना करता है। चुप्पी ठीक कर सकती है या खत्म कर सकती है। यह बचा सकती है या कैद कर सकती है। यह बात मानना

या बगावत हो सकती है। यह सेक्शन एक आईना है जो हर पढ़ने वाले को उन अनकही लड़ाइयों का सामना करने के लिए मजबूर करता है जो हम अपने अंदर रखते हैं।

और फिर, क्रॉस की आवाज़ की तरह, ' *इट इज़ फ़िनिश्ड'* सब कुछ समझाता है। यह हमें याद दिलाता है कि ईसाई धर्म वेदियों की खोज नहीं है—बल्कि उस एक वेदिका को स्वीकार करना है जिसने दुनिया को बदल दिया। यह हमें जीवित बलिदान, चलती-फिरती वेदिकाएँ, प्रेज़ेंस के वाहक बनने के लिए बुलाता है।

जब मैंने यह मैन्युस्क्रिप्ट पढ़ी तो मुझे सबसे ज़्यादा जो बात लगी, वह सिर्फ़ खुलासा नहीं था—बल्कि इसकी ईमानदारी थी। ये पन्ने इम्प्रेस करने के लिए नहीं लिखे गए थे। ये बदलने के लिए लिखे गए थे। इनमें प्रार्थना, उपवास, आज्ञाकारिता, छिपे हुए मौसम और निजी आग की खुशबू है। ये ऐसे किसी व्यक्ति से आए हैं जो खामोशी की घाटियों में चला है, बुलावे के पहाड़ों पर चढ़ा है, और भगवान के प्यार की चमकती लौ के नीचे खड़ा हुआ है।

यह किताब मसीह के शरीर के लिए एक तोहफ़ा है।

यह शोर-शराबे वाली दुनिया में विश्वास करने वालों के लिए एक भविष्यवाणी करने वाला कंपास है। यह याद दिलाता है कि परमेश्वर अभी भी सुधारता है, अभी भी बोलता है, अभी भी बुलाता है, और जो शुरू करता है उसे पूरा भी करता है।

आपके लिए मेरी प्रार्थना आसान है: **धीरे-धीरे पढ़ें। प्रार्थना करते हुए पढ़ें। उम्मीद के साथ पढ़ें।**

क्योंकि इन पन्नों में, स्वर्ग आपसे आपकी पहचान, आपके मकसद, आपके पहाड़ और आपके अलाइनमेंट के बारे में बात करने का इंतज़ार कर रहा है।

जिस आग ने इन शब्दों को बनाया, वही आग आपको भी बनाए। आपके अंदर छिपा खज़ाना ऊपर उठे। आपकी चुप्पी पवित्र हो। और आपका जीवन एक वेदी बन जाए जो मसीह के पूरे काम से जले।

मास्टर

प्रस्तावना

यह किताब किसी प्रोजेक्ट की तरह शुरू नहीं हुई थी।
यह एक हलचल की तरह शुरू हुई—पहले हल्की, फिर ज़ोरदार, जैसे कोई शांत हवा तूफ़ान की ताकत इकट्ठा कर रही हो। समय के साथ, पवित्र आत्मा ने आग, शांति, जागृति और समर्पण के मौसमों के ज़रिए इन संदेशों को हमारे दिलों में डालना शुरू कर दिया। इनमें से कोई भी शिक्षा बड़े सपने से पैदा नहीं हुई थी; हर एक आज्ञा मानने से पैदा हुई थी।
जैसे-जैसे हम प्रभु के साथ चलते गए, चार सच सामने आने लगे—ऐसे सच जिन्हें नज़रअंदाज़ नहीं किया जा सकता था:

आग दुश्मन नहीं है; यह स्वर्ग की असलियत की परीक्षा है।
पहचान धरती पर नहीं मिलती; यह हमेशा से याद रखी जाती है।
खामोशी खाली नहीं होती; यह किस्मत के लिए लड़ाई का मैदान है।
और सबसे बड़ी वेदी हमेशा के लिए एक बार क्रॉस पर खड़ी की गई थी।

सॉल्टेड बाय फायर उस समय शुरू हुआ जब हमारे आस-पास के कई लोग सफलता को विज़िबिलिटी, स्पीड या तालियों से माप रहे थे। भगवान ने हमारी नज़र को अलाइनमेंट की शांत भाषा की ओर मोड़ा—वे छिपे हुए पल जब उनकी आग इंसान की महत्वाकांक्षाओं से बनी चीज़ों को शुद्ध करती है।

आप में छिपा खजाना सामने आया। जो एक आसान ध्यान से शुरू हुआ, वह एक रहस्योद्घाटन बन गया। पवित्र शास्त्र एक खजाने की तरह खुल गया, जिसने हमें याद दिलाया कि धरती पर आने से बहुत पहले हम परमेश्वर में कौन थे।

साइलेंट वॉर ने अचानक हमें रोक दिया—पवित्र आत्मा का एक भारी शब्द उन अनकही लड़ाइयों को खोल देता है जो शादियों, मिनिस्ट्रीज़, किस्मत और देशों को आकार देती हैं।

एंड ***इट इज़ फ़िनिश्ड*** एक हल्की लेकिन लगातार याद दिलाने वाली बात थी: ईसाई धर्म नई वेदियों की तलाश नहीं है; यह उस एक वेदिका को अपनाना है जिसने दुनिया को हमेशा के लिए बदल दिया। क्रॉस भगवान और इंसानियत के बीच आखिरी मिलन की जगह है, जो हमें और ज़्यादा कोशिश करने के लिए नहीं बल्कि और ज़्यादा समर्पण करने के लिए कहता है।
ये मैसेज कभी भी अकेले खड़े होने के लिए नहीं थे।
इन्हें एक-दूसरे से बात करने के लिए बनाया गया था—एक-दूसरे को पूरा करने के लिए।

साथ मिलकर, वे एक आध्यात्मिक नक्शा बनाते हैं: **आग, पहचान, मौन, समर्पण** - चार स्तंभ जिनका उपयोग परमेश्वर विश्वासियों को जीवित गवाहों में बदलने के लिए करता है।

हमारा मानना है कि पवित्र आत्मा ने इन पन्नों में हर वाक्य, हर कहानी, हर शास्त्र को अपने लोगों को काम की, पवित्र और भगवान के साथ वापस बुलाने के लिए लिखा है। इन शब्दों में छिपे हुए मौसमों, फुसफुसाती प्रार्थनाओं और समर्पित आज्ञाकारिता की खुशबू है—इम्प्रेस करने के लिए नहीं, बल्कि बदलने के लिए।

जैसे ही आप इस सफ़र पर निकलते हैं, हम आपको धीरे-धीरे पढ़ने के लिए बुलाते हैं।
रुकें। सोचें। आत्मा को लाइनों पर सांस लेने दें और उनके ज़रिए सांस

लेने दें। उसे अपना पहाड़, अपनी आवाज़, अपना काम, अपनी वेदी दिखाने दें।

अगर ये पेज आपके दिल को फिर से जोड़ते हैं, भगवान ने आप में जो रखा है उसे जगाते हैं, या आपको उनके मकसद के करीब लाते हैं, तो काम पूरा हो जाता है।

यात्रा शुरू होती है—यहां, अभी, उसके साथ।

परिचय

हर पीढ़ी को एक दिव्य बुलावा मिलता है—रुकने, सुनने और परमेश्वर के दिल की धड़कन पर लौटने का मौका। हमारा मानना है कि यह किताब उसी बुलावे का हिस्सा है। शोर, तेज़ी, दबाव और काम की तरफ भागती दुनिया में, परमेश्वर की आत्मा अपने लोगों को एक साथ आने, पहचान, समझदारी और समर्पण की ओर वापस बुला रही है। वह हमें राज्य के दर्शकों की तरह नहीं, बल्कि हिस्सा लेने वालों की तरह चलने के लिए बुला रहा है—आग से तपा हुआ, सच्चाई में टिका हुआ, चुप्पी में स्थिर, और मसीह के पूरे काम के लिए ज़िंदा।

यह किताब चार ऐसे संदेशों को एक साथ लाती है जो अलग-अलग मौसमों में पैदा हुए, फिर भी एक-दूसरे से बहुत अच्छी एकता के साथ बात करते हैं। **हर एक आध्यात्मिक विकास का एक ऐसा पहलू दिखाता है जिसे मानने वाले नज़रअंदाज़ नहीं कर सकते।**

"साल्टेड बाय फायर" में, हम स्वर्ग की काम की परिभाषा से रूबरू होते हैं। आग परखती है कि हम क्या बनाते हैं, हम क्या लेकर चलते हैं उसे बेहतर बनाती है, और हम जो कहते हैं उसे साबित करती है। आग से ही बात मानने का महत्व बढ़ता है और मकसद को पवित्रता मिलती है।

"तुम्हारे अंदर छिपा खजाना" में, हम इफिसियों 1 से गुज़रते हैं—पहचान पर धर्मग्रंथ के सबसे अच्छे चैप्टर में से एक। हमें याद दिलाया जाता है कि इससे पहले कि धरती हमें जानती, स्वर्ग ने हमें नाम दिया, हमें चुना, हम पर मुहर लगाई, और हमें शानदार ज़िंदगी के लिए तैयार किया।

"द साइलेंट वॉर" में, हम चुप्पी के युद्ध के मैदान को देखते हैं—इसके खतरे, इसकी हीलिंग, इसकी स्पिरिचुअल अथॉरिटी, और समझदारी से इस्तेमाल करने पर किस्मत बदलने की इसकी काबिलियत। हर चुप्पी पवित्र नहीं होती, और हर शब्द जीत नहीं होता। समझदारी ज़रूरी हो जाती है।

"इट इज़ फ़िनिश्ड" में, हम हर चीज़ की बुनियाद पर लौटते हैं: क्रॉस। हम फिर से पाते हैं कि इंसानी कोशिशों से बनी कोई भी वेदी, कैल्वरी पर खुद भगवान द्वारा बनाई गई वेदी का मुकाबला नहीं कर सकती। उस पूरे हुए काम से एक बदला हुआ जीवन निकलता है—एक ऐसा जीवन जो हम जहाँ भी जाते हैं, एक जीती-जागती वेदी बन जाता है।

हालांकि हर मैसेज अलग-अलग होता है, लेकिन साथ मिलकर वे बदलाव का एक ही रास्ता बनाते हैं।

वे हमें **सुधार से पहचान की ओर, समझदारी से समर्पण की ओर ले जाते हैं।**

वे हमें सफलता को सही तरीके से मापना, भगवान के खजाने की तरह हिम्मत से जीना, समझदारी से चुप्पी को पार करना, और रोज़ाना मसीह के पूरे हुए काम को आगे बढ़ाना सिखाते हैं।
हमारी प्रार्थना है कि जब आप इन पन्नों से गुज़रेंगे, तो आपको सिर्फ़ जानकारी ही नहीं, बल्कि सीख भी मिलेगी। पवित्र आत्मा आपके असर के पहाड़ को रोशन करेगी, आपकी छिपी हुई जगहों को ठीक करेगी, आपके अंदर की आग को जलाएगी, आपके अधिकार को जगाएगी, और आपको मसीह के साथ गहरी संगति में ले जाएगी।
यह सिर्फ़ पढ़ने से कहीं ज़्यादा है।
यह रीअलाइनमेंट है। यह रीडिस्कवरी है। यह रिफाइनमेंट है। यह दिल से शुरू होने वाली रिवाइवल है।

आइए हम सब मिलकर इस सफ़र में कदम रखें—खुले दिलों, समर्पित इरादों और यह कहने की तैयारी के साथ, "हे प्रभु, मुझे अपने मकसद के साथ मिला दो। अपनी आग से मुझे नमक दो। उस खजाने को दिखाओ जो तुमने मुझमें रखा है। मुझे सिखाओ कि कब बोलना है, कब शांत रहना है, और एक पवित्र वेदी की तरह तुम्हारे सामने कैसे जीना है।"

आगे के पन्ने परमेश्वर की आवाज़ का अंत नहीं हैं - वे आपके जवाब की शुरुआत हैं।

7 पहाड़ों पर आग से नमकीन, 14 कहानियों के साथ— परमेश्वर की बढ़ोतरी के लिए प्रासंगिक बनना

पॉडकास्ट लिंक
https://open.spotify.com/episode/0gPh88rNOvNOlMjluyc56G

यूट्यूब लिंक https://youtu.be/ygyB-4NAGzc?si=-AdzucG6Y7yK30IU

परिचय: आग से सफलता मापना

आज सुबह, जब मैं इस बात पर सोच रहा था कि हम ज़िंदगी की कोशिशों की सफलता या असफलता को कैसे मापते हैं, तो प्रभु ने यह संदेश देना शुरू किया—आग से नमकीन। हम साल के आखिर में पहुँच रहे हैं, एक ऐसा मौसम जब कई लोग अपनी ज़िंदगी का ऑडिट करना शुरू करते हैं: "क्या यह एक सफल साल था या असफल?" कुछ लोगों के लिए, यह पैसे से जुड़ा होता है। दूसरों के लिए, यह दिखने वाली तरक्की, प्रमोशन या तारीफ़ है। लेकिन जो लोग भगवान के मकसद के रास्ते पर चल रहे हैं, उनके लिए सफलता को नंबर, लाइक या स्पीड से नहीं मापा जा सकता। इसे तालमेल से मापा जाना चाहिए—इसमें कि हम जो कर रहे हैं, उसमें से कितना पिता के काम को दिखाता है।
जब हम यीशु की ज़िंदगी को देखते हैं, तो हम देखते हैं कि वह जहाँ भी गए, वहाँ बहुत से लोगों को अपनी ओर खींचा, फिर भी अपनी दुनियावी

सेवा के आखिर में—साढ़े तीन साल तक प्रचार, इलाज, सिखाने और चमत्कार करने के बाद—वह ऊपर वाले कमरे में सिर्फ़ 120 चेलों को छोड़कर गए। इंसानी नज़रिए से, यह नाकामी लग सकती है। लेकिन स्वर्ग ने इसे अलग तरह से मापा। वे 120 एक ऐसे राज की नींव बने जो दो हज़ार से ज़्यादा सालों से बढ़ता ही जा रहा है। यीशु की बात मानने का असली असर तुरंत नहीं हुआ—यह मौत, दफ़नाने और फिर से जी उठने की आग के बाद सामने आया। क्योंकि जब तक गेहूँ का दाना ज़मीन पर गिरकर मर नहीं जाता, वह अकेला रहता है; लेकिन अगर वह मर जाता है, तो बहुत फल लाता है (यूहन्ना 12:24)।

यह भगवान की अहमियत का रहस्य है—जो छिपा हुआ लगता है, अक्सर वही भगवान बना रहे होते हैं। इब्रानियों 11 में कई हीरो को "वह नहीं मिला जिसका वादा किया गया था," फिर भी स्वर्ग ने उनके नाम वफादार लोगों में लिख दिए। उन्हें आग में तपाया गया—परखा गया, बेहतर बनाया गया, और उनके जीवनकाल के बाद भी अहम बनाया गया। राज्य में सफलता इंसानों की तारीफ़ नहीं बल्कि भगवान की मंज़ूरी है। यह उसमें नहीं है जो तुरंत दिखता है बल्कि उसमें है जो हमेशा रहता है।

तो, जैसे-जैसे यह साल खत्म हो रहा है, भगवान हमें अपना नज़रिया बदलने के लिए कह रहे हैं। सिर्फ़ अपनी कामयाबियों को मत गिनिए—अपने तालमेल को तौलिए। सिर्फ़ अपनी तरक्की को मत परखिए—अपनी पवित्रता को आग से परखिए। चाहे मिनिस्ट्री हो, करियर हो, पेरेंटिंग हो, बिज़नेस हो, या बुलावा हो, सच्ची सफलता तब मिलती है जब आप जो कर रहे हैं वह पिता के काम के साथ तालमेल में हो। यहीं से तरक्की आती है। यहीं से आग निखारती है, काम का होना पैदा होता है, और आपकी कहानी भगवान की हमेशा रहने वाली कहानी का हिस्सा बन जाती है।

बदलाव: सोच-विचार से सुधार की ओर

जब हम समझते हैं कि सच्ची सफलता तुरंत मिलने वाले नतीजों से नहीं, बल्कि हमेशा काम आने वाली चीज़ से मापी जाती है, तो हम यह देखना शुरू करते हैं कि भगवान की शुद्ध करने वाली आग सज़ा नहीं है—यह तैयारी है। असर का हर वह एरिया जिसमें उसने हमें बुलाया है—चाहे वह विश्वास, परिवार, शिक्षा, सरकार, मीडिया, कला, या बिज़नेस में हो—एक पहाड़ है जिस पर चढ़ना, उसे शुद्ध करना और उसकी महिमा के लिए वापस पाना ज़रूरी है। इनमें से हर पहाड़ असर डालता है, और हर असर को किंगडम के लिए काम का बनने के लिए आग से गुज़रना होगा।

प्रभु की आत्मा ने धीरे से कहना शुरू किया, "मैं एक ऐसी पीढ़ी बना रहा हूँ जो न सिर्फ़ सात पहाड़ों पर खड़ी होगी, बल्कि आग से नमकीन भी होगी।" ये ऐसे पुरुष और महिलाएँ हैं जो परीक्षा आने पर समझौता नहीं करेंगे—वे लोग जो समझते हैं कि आग ईश्वरीय चीज़ों को नष्ट नहीं करती; यह सिर्फ़ उन्हें सामने लाती है और मज़बूत करती है। उनकी सफलता उनके दिखने में नहीं, बल्कि पिता की इच्छा के साथ उनके तालमेल में होगी।

जैसे यीशु का फिर से ज़िंदा होना उनके ईश्वरीय महत्व का सबूत बन गया, वैसे ही आपकी मुश्किलें भी आपके बदलाव का सबूत बनेंगी। परमेश्वर की शुद्ध करने वाली आग ही लंबे समय तक चलने वाला असर डालने का रास्ता है। हर बुलावा ताज पहनने से पहले एक मुश्किल से गुज़रता है। और जैसे इब्रानियों 11 में विश्वास के हीरो अपनी जगह पर डटे रहे—तब भी जब उन्हें वादा नहीं मिला—वे हमें याद दिलाते हैं कि आग में भी वफ़ादारी को ही स्वर्ग सफलता कहता है।

तो, जैसे-जैसे हम इस मैसेज में आगे बढ़ेंगे— **सात पहाड़ों पर आग से नमकीन** —हम उन विश्वासियों की चौदह दमदार कहानियों को देखेंगे जिन्होंने अपने असर वाले इलाकों में आग का सामना किया और भगवान की तरक्की के लिए काम के निकले। ये कहानियाँ सिर्फ़ सबूत नहीं हैं; ये टेम्पलेट हैं। उनकी बात मानने से, हम पाएँगे कि तरक्की का रास्ता हमेशा ऊपर की ओर नहीं होता—यह अंदर की ओर और भगवान की ओर होता है । क्योंकि जब पिता की आग आपके काम को छूती है, तो आपकी अहमियत आपकी ज़िंदगी से भी ज़्यादा रहेगी।

प्रमुख शास्त्र

1 कुरिंथियों 3:6–15 — "मैंने लगाया, अपुल्लोस ने सींचा, परन्तु परमेश्वर ने बढ़ाया... हर एक मनुष्य का काम आग से प्रगट होगा।"
मरकुस 9:49 — "हर एक मनुष्य आग से नमकीन किया जाएगा।"
यूहन्ना 5:19 — "पुत्र आप से कुछ नहीं कर सकता, परन्तु जो पिता को करते देखता है , वही करता है।"
गलातियों 5:16 — "आत्मा के अनुसार चलो, तो तुम शरीर की अभिलाषा किसी रीति से पूरी न करोगे।"

1- परमेश्वर का वृद्धि का आदेश

पौलुस ने लगाया। अपोलोस ने पानी दिया।
लेकिन सिर्फ़ परमेश्वर ही बढ़ोतरी देता है।

इसका मतलब है: बिना स्पिरिट के स्ट्रेटेजी का मतलब है ठहराव। हम पौधे लगा सकते हैं और पानी दे सकते हैं—लेकिन यह स्वर्ग है जो हमारे काम में जान डालता है। चाबी है अलाइनमेंट: वही करना जो पिता कर रहे हैं।

यूहन्ना 5:19: "पुत्र आप से कुछ नहीं कर सकता, परन्तु जो पिता को करते देखता है, वही करता है।"

यीशु इसलिए असरदार नहीं थे क्योंकि वे बिज़ी थे, बल्कि इसलिए थे क्योंकि वे एक लाइन में थे।

2 – आग: प्रासंगिकता को परिष्कृत करने वाली

यीशु ने कहा, "हर कोई आग से नमकीन किया जाएगा।" आग शुद्ध करती है, यह इरादों को उजागर करती है, और यह आध्यात्मिक महत्व को बनाए रखती है।

कुछ मानने वाले टैलेंटेड तो होते हैं लेकिन बेकार होते हैं क्योंकि वे आग से बचते हैं—वह टेस्ट जो मकसद बताता है।

भगवान आग का इस्तेमाल हमें खत्म करने के लिए नहीं, बल्कि हमें साफ करने के लिए करते हैं—खुद, घमंड और ध्यान भटकने की आदत को दूर करने के लिए।

जो आग भूसे को जला देती है, वही आग सोने को भी शुद्ध कर देती है। फर्क सिर्फ पदार्थ का है।

3 – 7 पहाड़ों पर आग से तपकर 14 मंज़िलें फिर से बनाई गईं

पहाड़ 1: विश्वास — सेवा की आग को निखारना

कहानी 1/14: पादरी जिसने मंच छोड़ दिया

एक युवा प्रीचर ने सोशल मीडिया पर बहुत सारे फॉलोअर्स बना लिए। उसकी मिनिस्ट्री तेज़ी से बढ़ी, लेकिन भगवान के साथ उसका करीबी रिश्ता कम होता गया। एक दिन, भगवान ने कहा, "क्या तुम मेरे बादल को ढूंढने के लिए भीड़ को छोड़ दोगे?"

वह छह महीने तक चुप रहा। बहुत से लोग उसे भूल गए—लेकिन उस छिपे हुए समय में, भगवान ने उसे बेहतर बनाया। जब वह लौटा, तो उसके शब्दों में आग और ताकत थी, सिर्फ़ फॉलोअर्स नहीं।

सीख: कभी-कभी भगवान आपको ठीक करने के लिए आपको छिपाते हैं। काम की बात गुप्त जगह से शुरू होती है।

14 में से कहानी 2: वह मिशनरी जो तब भी रुका रहा जब दूसरे चले गए

एक राजनीतिक बगावत के दौरान, ज़्यादातर मिशनरी एक खास अफ्रीकी इलाके से भाग गए। एक महिला वहीं रुक गई—अनाथ बच्चों की देखभाल के लिए रोज़ अपनी जान जोखिम में डालती थी। जब शांति लौटी, तो देश के राष्ट्रपति ने सबके सामने उसे सम्मानित किया। उसका स्कूल अब हज़ारों लोगों को पढ़ाता है।

सबक: विश्वास की परीक्षा सुविधा से नहीं, बल्कि पक्के यकीन से होती है। उसकी बात मानने से उसकी तरक्की हुई।

माउंटेन 2: फैमिली — लिगेसी के लिए आग से शुद्ध किया गया

14 में से कहानी 3: पिता जिसने माफ़ी मांगी

एक पिता जो दूर रहने वाला और तानाशाह था, उसने आत्मा में चलने का संदेश सुना। उसे लगा कि वह दोषी है, इसलिए वह अपने बड़े बच्चों के सामने रोया और माफ़ी मांगी। उस रात, दशकों का तनाव टूट गया। उसकी विनम्रता ने एकता वापस लाई और मसीह के प्यार का उदाहरण दिया।

सबक: पछतावे की आग सालों की घमंड भरी चुप्पी से ज़्यादा तेज़ी से रिश्तों को पवित्र करती है।

कहानी 4 of 14: वो कपल जो इंतज़ार करता रहा

एक युवा जोड़े पर जल्दी शादी करने का दबाव था, लेकिन दोनों को लगा कि यह सही समय नहीं है। उन्होंने इंतज़ार किया और उस समय का इस्तेमाल आध्यात्मिक रूप से बढ़ने के लिए किया। जब उन्होंने आखिरकार शादी की, तो उनका मिलन युवा विश्वासियों के लिए एक मेंटरिंग हब बन गया।

सबक: जब आप अपने रिश्तों को भावनाओं के बजाय आत्मा को आगे बढ़ने देते हैं, तो परमेश्वर बढ़ोतरी देता है।

पहाड़ 3: शिक्षा — सुधार के ज़रिए ज्ञान पाना

14 में से कहानी 5: वह टीचर जिसने अपना करिकुलम बदल दिया

एक ईसाई टीचर को एहसास हुआ कि उसके स्कूल के मटीरियल ने साइंस के लेसन से भगवान को धीरे से हटा दिया था। हार मानने के बजाय, उसने अपनी टीचिंग में बाइबिल के सिद्धांतों जैसे कि अजूबा, देखभाल और क्रिएशन को शामिल करना शुरू कर दिया। उसके स्टूडेंट्स की जिज्ञासा और परफॉर्मेंस बढ़ गई।

सबक: पक्के यकीन की आग उन जगहों पर बदलाव ला सकती है जहाँ कभी समझौते का राज था।

14 में से 6वीं कहानी: वो प्रोफेसर जिसने अपना कार्यकाल खतरे में डाला

एक सेक्युलर यूनिवर्सिटी में, एक प्रोफेसर नैतिक मुद्दों पर सच के लिए खड़े हुए। उनका मज़ाक उड़ाया गया, नौकरी से निकालने की धमकी दी गई—लेकिन उनकी हिम्मत ने स्टूडेंट्स को विश्वास की तलाश करने के लिए प्रेरित किया। आज, वह वैल्यू-बेस्ड लर्निंग में एजुकेटर्स को ट्रेनिंग देने वाले एक ग्लोबल मूवमेंट को लीड करते हैं।

सबक: आग से हिम्मत आती है। जब सच आपको आराम नहीं देता, तो काम की बात शुरू होती है।

पहाड़ 4: सरकार — ताकत की जगह पर पवित्रता

14 में से 7वीं कहानी: वह नेता जिसने रिश्वत लेने से मना कर दिया

एक ईसाई लॉमेकर को एक बिल पर असर डालने के लिए लाखों का ऑफर दिया गया था। उसने मना कर दिया, और जोसेफ की बात दोहराई: “मैं यह बुरा काम कैसे कर सकता हूँ और भगवान के खिलाफ पाप कैसे कर सकता हूँ?” उस करप्शन के सामने आने से देश में सुधार हुआ, और वह ईमानदारी की पहचान बन गया।

सबक: जब आग ईमानदारी का टेस्ट लेती है, तो आपका स्टैंड आपका प्लेटफॉर्म बन जाता है।

कहानी 14 में से 8: वह सिविल सर्वेंट जिसने शहर के लिए प्रार्थना की

सिटी प्लानिंग ऑफिस में एक शांत विश्वासी ने हर हफ़्ते प्रार्थना सभाएँ शुरू कीं। समय के साथ, क्राइम रेट कम हो गया, लीडरशिप में भ्रष्टाचार का पता चला, और शहर का विकास फला-फूला। मेयर ने इसका क्रेडिट “अच्छाई की आध्यात्मिक शक्तियों” को दिया।
सबक: छिपी हुई दुआ लोगों में बदलाव लाती है। प्रार्थना सरकार में पवित्र करने वाली आग है।

पहाड़ 5: मीडिया — असर में सच्चाई के लिए बेहतर

14 में से कहानी 9: वह रिपोर्टर जो कहानी को घुमाना नहीं चाहता था

एक पत्रकार को एक उम्मीदवार के पक्ष में चुनाव रिपोर्ट को तोड़-मरोड़कर पेश करने का आदेश दिया गया था। उसने मना कर दिया और उसे नौकरी से निकाल दिया गया। महीनों बाद, सच्चाई सामने आ गई—उसकी ईमानदारी ने उसे एक ग्लोबल ईसाई नेटवर्क में एक बड़ी भूमिका दिलाई।

सबक: आग लगने से आपकी नौकरी जा सकती है, लेकिन इससे आपकी किस्मत कभी नहीं जाएगी।

14 में से 10वीं कहानी: वह फिल्ममेकर जिसने अपनी कला को फिर से बनाया

एक फ़िल्म डायरेक्टर जो कभी डार्क थ्रिलर के लिए जाने जाते थे, उनकी मुलाक़ात क्राइस्ट से हुई। भगवान ने उनसे कहा, "अपने तोहफ़े का इस्तेमाल रोशनी दिखाने के लिए करें।" उन्होंने मुक्ति के बारे में एक फ़िल्म बनाई जो दुनिया भर में लाखों लोगों तक पहुँची और बड़े स्टूडियो के दरवाज़े खोले।

सीख: जब भगवान की आग आपकी क्रिएटिविटी को छूती है, तो आपकी कला मिनिस्ट्री बन जाती है।

माउंटेन 6: आर्ट्स और एंटरटेनमेंट — शुद्ध टैलेंट, भविष्य बताने वाला असर

14 में से 11वीं कहानी: वह गायिका जिसने अपनी आवाज़ खो दी

एक गॉस्पेल आर्टिस्ट की आवाज़ एक साल के लिए चली गई थी। डॉक्टरों ने कहा कि वह शायद फिर कभी न गा पाएगी। उस शांत समय में, उसने बिना परफ़ॉर्मेंस के पूजा करना सीखा। जब उसकी आवाज़ वापस आई, तो उसके गानों में हीलिंग पावर थी।
सीख: कभी-कभी भगवान आपकी आत्मा को मजबूत करने के लिए आपके स्टेज को शांत कर देते हैं।

कहानी 12 में से 14: वह पेंटर जिसने स्वर्ग को रंगों में देखा

एक कलाकार ने कभी मशहूर होने के लिए पेंटिंग बनाई थी। एक पर्सनल ट्रेजेडी के बाद, वह ईसा मसीह से मिला और उम्मीद की भविष्यवाणी वाली तस्वीरें बनाने लगा। उसकी कला अब अलग-अलग देशों में अनाथालयों को फंड देती है।
सबक: आग हुनर को सेवा में बदल देती है। सच्ची कला भगवान के दिल को दिखाती है।

पहाड़ 7: बिज़नेस और इकॉनमी — शुद्ध मुनाफ़ा, राज्य की खुशहाली

कहानी 13 में से 14: वो CEO जिसने कैश के बजाय राज को चुना

एक CEO को एक ऐसे मर्जर में से चुनना था जो एथिक्स को तोड़ता था और एक छोटी पार्टनरशिप में जो भगवान का सम्मान करती थी। उसने ईमानदारी को चुना। कुछ ही सालों में, उसकी कंपनी उससे कहीं ज़्यादा बढ़ गई जो बड़ी डील दे सकती थी।
सीख: पवित्रता से ही अच्छा मुनाफ़ा मिलता है। आज़माया हुआ बिज़नेस हमेशा टिका रहता है।

कहानी 14 में से 14: वह कर्मचारी जो किंगडम फाइनेंसर बन गया

एक छोटे लेवल के अकाउंटेंट ने सुसमाचार के लिए त्याग के साथ दान देना और बोना शुरू कर दिया। भगवान ने आइडिया और प्रमोशन के रास्ते खोले, जब तक कि वह दुनिया भर में मिशन को फंड करने वाला एक बड़ा इन्वेस्टर नहीं बन गया।
सबक: देने में विश्वास की आग महिमा को बढ़ाती है।

वह आग जो आपको प्रासंगिक बनाती है

प्रियो, जब हम सात पहाड़ों और चौदह मंजिलों से गुज़रे, तो एक बात साफ़ हो गई — भगवान की आग तुम्हारी दुश्मन नहीं है; यह तुम्हारी बनाई हुई है। भगवान ने जिस भी इंसान का इस्तेमाल किया, उसे पहले आग से ही शुद्ध किया गया था। वही आग जो शरीर को जला देती है,

उससे दिव्य फल भी पैदा होते हैं। क्रॉस के बिना, कोई पुनरुत्थान नहीं है; बिना शुद्ध किए, कोई मतलब नहीं है।

जब जीसस को क्रॉस पर लटकाया गया, तो यह एक नाकामी जैसा लगा — भीड़ चली गई थी, चमत्कार खत्म हो गए थे, और उनके चेले भी बिखर गए थे। लेकिन उस आग के दूसरी तरफ फिर से जी उठने की महिमा और एक ऐसे राज का जन्म हुआ जो कभी बढ़ना बंद नहीं हुआ। जो एक अंत जैसा लग रहा था, वह असल में एक सुधार था — दिखने से हमेशा रहने वाले असर की ओर बदलाव।

भी ऐसा ही है। जिस आग से आप गुज़र रहे हैं, वह आपको खत्म करने के लिए नहीं, बल्कि आपको अलग पहचान दिलाने के लिए है। दबाव, काट-छाँट, इंतज़ार — यह सब स्वर्ग है जो आपको और ज़्यादा फलने-फूलने के लिए तैयार कर रहा है। भगवान के लिए सफलता का पैमाना यह नहीं है कि आप कितनी तेज़ी से आगे बढ़ते हैं, बल्कि यह है कि आप कितनी ईमानदारी से टिके रहते हैं। यह नहीं है कि कितने लोग आपकी तारीफ़ करते हैं, बल्कि यह है कि आपकी बात मानने से कितनी ज़िंदगी बदल जाती है।

दुनिया नंबर्स को सेलिब्रेट करती है; स्वर्ग बात मानने को सेलिब्रेट करता है। दुनिया रिज़ल्ट्स को गिनती है; भगवान मोटिव्स को तौलते हैं। दुनिया स्पीड को इनाम देती है; भगवान अलाइनमेंट को सम्मान देते हैं। इसलिए जैसे-जैसे यह साल खत्म हो रहा है, सिर्फ़ यह मत पूछिए, "क्या मैं सफल हुआ?" — पूछिए, "क्या मैं अलाइन था?" क्योंकि जब आपके कदम पिता की इच्छा के साथ सिंक्रोनाइज़ होते हैं, तो बढ़ोतरी ज़रूर होती है।

अपने दिल की यह पुकार होने दो: "हे प्रभु, मुझे अपनी आग से नमक लगा दो। शरीर को जला दो। मुझे अपने मकसद के साथ जोड़ दो। मुझे अपनी बढ़ोतरी के लिए ज़रूरी बनाओ।" क्योंकि जो आग से बचेगा वही हमेशा चमकेगा।

4 – 7 रिफ्लेक्शन सवाल यह देखने के लिए कि क्या मैं अलाइनमेंट में हूँ

1. मुझे किस "पहाड़" को प्रभावित करने के लिए बुलाया गया है?
2. मैं कहाँ अलाइनमेंट से बाहर हूँ—जगह, रिश्ते, या मकसद?
3. आग ने मेरे इरादों या कामों में क्या उजागर किया है?
4. मैं ऐसा क्या बना रहा हूँ जो पिता नहीं बना रहे हैं?
5. मैंने किस बात को मानने में देरी की है?
6. मैं अपने फ़ैसले लेने की प्रक्रिया में पवित्र आत्मा को वापस कैसे बुला सकता हूँ?
7. मेरी आज्ञा मानने से हमेशा किसे फ़ायदा होगा?

5 – रीअलाइन करने के लिए मुझे क्या करना होगा- एप्लीकेशन: रीअलाइनमेंट के सात स्टेप्स

1. रुकें और सुनें – शोर को शांत करें; पूछें, "हे प्रभु, मैं कहाँ हूँ?"
2. पछतावा करें और आज़ाद हों – गलत लोगों, जगहों और कामों को छोड़ दें।
3. अपने काम पर दोबारा सोचें – भगवान ने शुरू में आपको क्या करने के लिए बुलाया था?

4. आज्ञाकारिता के लिए फिर से प्रतिबद्ध हों – उसके निर्देश के लिए फिर से हाँ कहें।
5. पवित्रता के साथ फिर से बनाएं – पैच न लगाएं; पवित्रता के साथ नई शुरुआत करें।
6. अपनी आग को फिर से जलाएं – रोज़ाना आत्मा में प्रार्थना करें; अपनी लौ को जलाए रखें।
7. अपनी लेन पर दौड़ें – वहीं फोकस रखें जहाँ भगवान ने आपको लगाया है; बढ़ोतरी आ रही है।

6 – संरेखण की घोषणा

पिता, मैं पवित्र आत्मा की शुद्ध करने वाली आग के लिए आपको धन्यवाद देता हूँ।
आज, मैं अपने पहाड़—विश्वास, परिवार, बिज़नेस, शिक्षा, मीडिया, कला और सरकार—आपको सौंपता हूँ।
शरीर, घमंड और ध्यान भटकाने वाली चीज़ों को जला दो जो मेरी ज़िंदगी में तुम्हारी बढ़ोतरी को रोकती हैं।
मेरे इरादों को साफ़ करो, मेरे कदमों को सही दिशा दो, और मकसद के लिए मेरे जुनून को फिर से जगाओ।
मैं अब आराम से नहीं बल्कि बुलावे से चलता हूँ।
मैं अब महत्वाकांक्षा से नहीं बल्कि काम से चलता हूँ।
जहां मैं अपनी जगह से भटक गया हूं, वहां मुझे ठीक कर दो।
जहां मैंने देर कर दी है, वहां मुझे तेज़ कर दो। जहां मैं गिर गया हूं, वहां मुझे वापस ला दो।

मैं तय करता हूँ कि मुझे आग से नमकीन किया गया है,
काम के लिए बेहतर बनाया गया है, और भगवान की बढ़ोतरी के लिए तैयार किया गया है।
मेरा काम अग्नि परीक्षा में पास होगा।
मेरा नाम यीशु की महिमा करेगा। मेरा पहाड़ उनके राज्य को प्रकट करेगा।
आज से, मैं ईश्वर के साथ चलता हूँ।
मैं देखता हूँ कि पिता क्या कर रहे हैं—और मैं उनके साथ चलता हूँ।
यीशु के नाम में — आमीन!

गूंजती हुई समापन प्रार्थना

हे प्रभु, आप ही शुद्ध करने वाली अग्नि हैं।
हमारे जीवन के हर क्षेत्र को स्पर्श करें—हमारे विश्वास, परिवार, शहर और बुलाहटें।
हमारे दिलों को स्वर्ग की लय के साथ जोड़ें।
हमें गलत तालमेल और भटकाव की भावना से मुक्ति दिलाएं।
हर पहाड़ के लिए सुधारक तैयार करो—पल्पिट में पैगंबर, सरकारों में डैनियल, परिवारों में
डेबोरा , व्यापार में जोसेफ और संस्कृति में एस्तेर ।
अपनी आग फिर से बरसने दो—हमारी पीढ़ी को शुद्ध करो,
हमारे काम करने की जगहों पर नई जान डालो, और हमारी बात मानने की आदत को बढ़ाओ।
हमारा नाम हमेशा गूंजता रहे, उन लोगों के तौर पर जिन्होंने पक्के विश्वास के साथ बनाया।

हमें नमक दें, हमें बेहतर बनाएं, और हमें काम की और नई जान डालने वाली आवाज़ों के तौर पर आगे भेजें।
यीशु के शक्तिशाली नाम में - आमीन!

आप में छिपा खजाना इफिसियों 1 से 12 पाठों तक की यात्रा

यूट्यूब लिंक https://youtu.be/UGL1-OcjsQg?si=fJ2WLR0bIZspz0g7

पॉडकास्ट लिंक
https://open.spotify.com/episode/0Bg7sE8CESYyR4qSTvzKtm

ऐसे समय आते हैं जब परमेश्वर हमें रुकने, सोचने और अपने विश्वास की नींव पर लौटने के लिए बुलाता है—जानकारी के लिए नहीं बल्कि **जागने के लिए** । इफिसियों 1 उन नींवों में से एक है। यह अध्याय साधारण नहीं है। यह एक **तिजोरी है** , एक **खज़ाना है** , एक **आईना है** जो दिखाता है कि हम मसीह में असल में कौन हैं।
जैसे-जैसे मैं इफिसियों 1 पढ़ रहा था, पवित्र आत्मा ने खजाने की परतों की तरह चैप्टर खोलना शुरू कर दिया। हर आयत में वज़न था। हर लाइन में पहचान थी। हर वाक्य में किस्मत थी।
आज, मैं आपके साथ इफिसियों 1 से **जीवन बदलने वाले 12 सबक शेयर कर रहा हूँ** — जो सच्चाई, गवाही, खुलासे और भविष्यवाणी के निर्देशों से भरे हुए हैं — ताकि आप उस खजाने को जगा सकें जो परमेश्वर ने समय शुरू होने से पहले आपके अंदर छिपा दिया था।
यह सिर्फ़ एक टीचिंग नहीं है। यह एक **कमीशनिंग है** । यह पहचान, मकसद, अधिकार और राष्ट्रीय ज़िम्मेदारी की ओर एक कॉल बैक है।

पाठ 1 का 12 — आपको पृथ्वी के अस्तित्व में आने से पहले ही जाना जाता था

पॉल शुरू करते हैं:
"पृथ्वी की नींव रखने से बहुत पहले ही उसने हमें ध्यान में रखा था..."
— इफिसियों 1:4 (MSG)
परमेश्वर ने स्वयं यिर्मयाह से कहा:
"गर्भ में रचने से पहले ही मैं तुम्हें जानता था।"
— यिर्मयाह 1:5
पहले सूर्योदय से पहले... पहाड़ों के खड़े होने से पहले... महासागरों के अस्तित्व में आने से पहले... **ईश्वर आपको पहले से जानता था।** आप कोई रिएक्शन नहीं थे। आप उसका इरादा थे। भगवान के मन में, आप धरती से भी पुराने हैं।
जैसे मूर्तिकार कहता है, "मूर्ति तो हमेशा पत्थर के अंदर थी, मैंने तो बस उसे प्रकट कर दिया," भगवान ने आपको बनाने से पहले ही आपको *देख लिया था।*
कार्रवाई:
प्रतिदिन कहो: **"मैं पृथ्वी पर अस्तित्व में आने से पहले ईश्वर में विद्यमान था।"**

12 में से पाठ 2 — आपको चुना गया, बर्दाश्त नहीं किया गया

पॉल कहते हैं:

“उसने हमें गोद लेने का फैसला किया... यह प्लान बनाने में उसे कितनी खुशी हुई!”

— इफिसियों 1:5

यीशु ने पुष्टि की:

“तुमने मुझे नहीं चुना, बल्कि मैंने तुम्हें चुना है।”

— यूहन्ना 15:16

आपकी ज़िंदगी कोई हादसा नहीं है। भगवान आपके साथ नहीं अटके हैं। आप कोई परेशानी नहीं हैं; आप एक खुशी हैं।

एक बार एक पिता एडॉप्शन सेंटर से गुज़रा और उसने एक ऐसे बच्चे को चुना जिसे बाकी सबने छोड़ दिया था। जब उससे पूछा गया कि क्यों, तो उसने कहा, “क्योंकि मेरा दिल उसे पहचान गया था।” भगवान भी आपके बारे में ऐसा ही महसूस करते हैं।

कार्रवाई:

घोषणा करें: **“मुझे भगवान ने चुना है। मुझे बर्दाश्त नहीं किया जाता, मुझे चाहा जाता है।”**

पाठ 3 का 12 — आप पूरी तरह से आज़ाद हैं

पॉल लिखते हैं:

“हम आज़ाद लोग हैं—सिर्फ़ आज़ाद नहीं, बल्कि बहुत ज़्यादा आज़ाद!”

— इफिसियों 1:7

यीशु आगे कहते हैं:

“अगर बेटा तुम्हें आज़ाद करता है, तो तुम सच में आज़ाद हो।”

— यूहन्ना 8:36

सच्ची आज़ादी ज़ंजीरों का न होना नहीं है; यह मसीह के पूरे हुए काम का होना है।

मैंने एक बार एक आदमी के बारे में सुना था जो दशकों तक जेल में रहने के बाद रिहा हुआ था। फिर भी हर सुबह, वह पुराने जेल के गेट के बाहर बैठता था क्योंकि, उसका शरीर आज़ाद था, लेकिन उसका मन अभी भी बंधा हुआ था। कई विश्वासी ऐसे ही जीते हैं— **कानूनी तौर पर आज़ाद, लेकिन दिमागी तौर पर बंधे हुए** ।

कार्रवाई:

एक झूठ, एक डर, या एक शर्म को पहचानें जो आपको बांधे रखता है। उसे परमेश्वर के वचन से किसी खास धर्मग्रंथ से बदलें। उस सच को रोज़ खुद से बोलें।

पाठ 4 का 12 — भगवान ने आपको ज़रूरत पड़ने से पहले ही सब कुछ दे दिया

पॉल कहते हैं:

"उसने हर चीज़ के बारे में सोचा, हमारी हर ज़रूरत का इंतज़ाम किया..."

— इफिसियों 1:8

यीशु ने पुष्टि की:

"तुम्हारा पिता तुम्हारे मांगने से पहले ही जानता है कि तुम्हें क्या चाहिए।"

— मैथ्यू 6:8

इससे पहले कि आप अपनी बुलाहट में कदम रखें, भगवान ने रिसोर्स तैयार कर दिए। असाइनमेंट दिए जाने से पहले, स्वर्ग ने वेयरहाउस में सामान भर दिया।

जैसे एक पिता अपने बच्चे के उसकी कीमत समझने से बहुत पहले ही एक ट्रस्ट फंड बना लेता है, वैसे ही भगवान ने आपके मकसद को जानने से पहले ही आपके लिए इंतज़ाम तैयार कर दिया।

कार्रवाई:

अपनी प्रार्थना की ज़िंदगी बदलें। डरकर भीख मांगने के बजाय, विश्वास के साथ भगवान को धन्यवाद देना शुरू करें: **"हे पिता, आपका धन्यवाद कि मसीह में, आपने मुझे जीवन और ईश्वरीय भक्ति के लिए जो कुछ भी चाहिए, वह सब पहले ही दे दिया है।"** फिर उनसे पूछें कि जो आपके हाथ में है, उसका इस्तेमाल कैसे करें।

12 में से पाठ 5 — मकसद ही खजाना है; आपको इसे पाने के लिए खुदाई करनी होगी

पॉल ने बताया:

"उसने हमें उन योजनाओं के बारे में बताया जिन्हें बनाने में उसे बहुत खुशी मिली।"

— इफिसियों 1:9

यीशु सिखाते हैं:

"स्वर्ग का राज्य खेत में छिपे हुए खजाने के समान है..."

— मैथ्यू 13:44

खजाना कभी भी सतह पर नहीं छोड़ा जाता। न सोना। न हीरे। न किस्मत।

अगर आप चाहते हैं कि स्वर्ग ने आपके अंदर क्या छिपाया है, तो आपको खोदना होगा। आपको प्रार्थना करनी होगी, उपवास करना होगा, पूछना होगा, खोजना होगा, दस्तक देनी होगी। मकसद ही खोज का जवाब है। कभी-कभार खोजने वालों को हमेशा रहने वाला ख़ज़ाना मुश्किल से ही मिलता है।

कार्रवाई:

हर दिन कम से कम 20 मिनट शांति से, ध्यान से प्रार्थना करने के लिए निकालें। पूछें: **"हे प्रभु, आप मुझे मेरे काम के बारे में क्या दिखा रहे हैं?"** हर सोच, धर्मग्रंथ या विचार को लिख लें। डॉक्यूमेंटेशन से मकसद सामने आता है।

पाठ 6 का 12 — आपकी असली पहचान सिर्फ़ मसीह में है

पॉल कहते हैं:

"मसीह में ही हम जान पाते हैं कि हम कौन हैं और किसलिए जी रहे हैं।"

— इफिसियों 1:11

यीशु कहते हैं:

"जो कोई मेरे पीछे चलेगा, वह अंधेरे में नहीं चलेगा, बल्कि उसे जीवन की रोशनी मिलेगी।"

— यूहन्ना 8:12

दुनिया आपको यह नहीं बता सकती कि आप कौन हैं। आपका अतीत आपको यह नहीं बता सकता कि आप कौन हैं। आपकी असफलताएं आपको यह नहीं बता सकतीं कि आप कौन हैं। केवल मसीह ही बता सकते हैं।

मसीह के बाहर अपनी पहचान ढूंढना ऐसा है जैसे किसी टूटे और गंदे आईने में अपनी परछाई देखने की कोशिश करना। सब कुछ टेढ़ा-मेढ़ा दिखता है। लेकिन मसीह में, आप खुद को वैसे ही साफ़ देखते हैं जैसे परमेश्वर आपको देखता है।

कार्रवाई:

- अपने ऊपर लगे नेगेटिव लेबल और गलत पहचान (जैसे, "फेल होना," "रिजेक्ट होना," "काफ़ी नहीं") को लिख लें।
- भगवान के सामने उन्हें त्याग दो।

- हर एक को पवित्रशास्त्र से एक सत्य से बदलें (उदाहरण के लिए, "चुना हुआ," "प्रिय," "प्रिय में स्वीकृत," "विजेता से भी अधिक")।

12 में से LESSON 7 — आपको शानदार ज़िंदगी जीने के लिए बनाया गया है (मेरी गवाही)

पॉल लिखते हैं:

"उसने हमारे लिए शानदार जीवन जीने की योजना बनाई थी..."

— इफिसियों 1:12

यीशु ने घोषणा की:

"मैं इसलिए आया हूँ कि वे जीवन पाएँ, और वह भी बहुतायत से।"

— यूहन्ना 10:10

मैं अपनी एक पर्सनल बात शेयर करना चाहता हूँ।

अपने 53वें जन्मदिन से सात दिन पहले, मैंने 7 दिन का उपवास शुरू किया। मेरी पुकार सीधी और सच्ची थी: **"हे प्रभु, मुझे साफ़-साफ़ दिखाइए कि आपने मेरे जीवन के लिए क्या खास बुलावा और काम दिया है।"**

मेरे जन्मदिन की सुबह, ठीक **5:00 बजे** , प्रभु ने मेरी आत्मा में एक स्पष्ट शब्द के साथ मुझे जगाया:

"तुम मेरे उगोचुक्वु हो... तुम मेरे ईगल हो।"

उस पल, सब कुछ बदल गया। पहचान मिल गई। उस दिन से, हमारी मिनिस्ट्री ने एक नया नाम और नया मैंडेट अपनाया:

गॉड्स ईगल मिनिस्ट्रीज़ (GEMs)।

जब भगवान आपको नाम देते हैं, तो वह आपको बनाते हैं। पहचान से मूवमेंट पैदा होता है। पहचान किस्मत को पंख देती है। पहचान आपको वहां पहुंचाती है जहां कभी चलने के लिए आपको संघर्ष करना पड़ता था।

कार्रवाई:
ईमानदारी और विश्वास के साथ भगवान से पूछें: **"हे पिता, मैं आपकी नज़र में कौन हूँ? आप मुझे कैसे देखते हैं?"** समय के साथ वह जो बताते हैं, उसे लिखें और उस पहचान के साथ जिएं, न कि पुराने लेबल के साथ।

पाठ 8 का 12 — आप पवित्र आत्मा द्वारा हस्ताक्षरित, मुहरबंद और सशक्त हैं

पॉल कहते हैं:
"तुम उसमें एक मुहर, यानी वादा किए गए पवित्र आत्मा से चिह्नित किए गए... साइन किए गए, मुहर लगाई गई, और छुड़ाए गए।"
— इफिसियों 1:13 (पैराफ्रेज्ड)
यीशु ने वादा किया:
"मैं पिता से विनती करूँगा, और वह तुम्हें एक और मददगार देगा... सत्य का आत्मा, जो तुम्हारे साथ रहेगा।"
— यूहन्ना 14:16–17
पुराने ज़माने में, किसी डॉक्यूमेंट पर राजा की मुहर का मतलब होता था कि उसमें राजा का अधिकार और सुरक्षा है। जो कोई भी इसके साथ छेड़छाड़ करता था, उसे खुद राजा को जवाब देना पड़ता था।
पवित्र आत्मा आप पर स्वर्ग की मुहर है। आप आम नहीं हैं। आप पर निशान है। आप अधिकृत हैं। स्वर्ग की सरकार आपका साथ दे रही है।

कार्रवाई:

रोज़ाना ऐलान करें: **"मुझे पवित्र आत्मा ने सील किया है, सुरक्षित रखा है, और ताकत दी है। मेरी ज़िंदगी और किस्मत शैतानी सौदेबाज़ी के लिए नहीं है।"**

पाठ 9 का 12 — हमें एक दूसरे के लिए प्रार्थना करनी चाहिए

पॉल कहते हैं:

“हर बार जब मैं प्रार्थना करता था, तो मैं आपको याद करता था और धन्यवाद देता था।”

— इफिसियों 1:15–16

यीशु आज्ञा देते हैं:

“जैसा मैंने तुमसे प्यार किया है, वैसा ही तुम भी एक दूसरे से प्यार करो।”

— यूहन्ना 13:34

हम अकेले चलने के लिए नहीं बने हैं। ईसाई जीवन एक शरीर है, अकेले काम करना नहीं। आपकी प्रार्थना किसी और के लिए ज़रूरी ताकत हो सकती है। आपका धन्यवाद किसी के दिल के लिए सम्मान बन सकता है।

जैसे मैराथन में दौड़ने वाला कोई रनर दौड़ छोड़ना चाहता है, लेकिन किनारे से उसका नाम पुकारा जाता है, वैसे ही हिम्मत और बीच-बचाव से नई ताकत मिलती है।

कार्रवाई:

- इस हफ़्ते रोज़ाना प्रार्थना करने के लिए तीन लोगों को चुनें।
- हर दिन कम से कम एक व्यक्ति को हिम्मत बढ़ाने वाला मैसेज भेजें।

पाठ 10 का 12 — परमेश्वर चाहता है कि आप उसकी खास इच्छा जानें

पॉल लिखते हैं:

"...ताकि तुम जान सको और साफ-साफ देख सको कि वह तुम्हें क्या करने के लिए बुला रहा है..."

— इफिसियों 1:17–18 (MSG में अनुवादित)

यीशु कहते हैं:

"मेरी भेड़ें मेरी आवाज़ सुनती हैं, और मैं उन्हें जानता हूँ, और वे मेरे पीछे-पीछे चलती हैं।"

— यूहन्ना 10:27

भगवान नहीं चाहते कि आप कन्फ्यूज हों। वह नहीं चाहते कि आप अंदाज़ा लगाएं। वह चाहते हैं कि आप उनकी इच्छा को साफ, सटीक और भरोसे के साथ जानें।

जैसे कोई व्यक्ति अपना चश्मा साफ करता है तो उसे अचानक नक्शा साफ दिखाई देता है, वैसे ही परमेश्वर हमारे आध्यात्मिक लेंस को साफ करना चाहता है ताकि हम उसके बनाए रास्ते को देख सकें।

कार्रवाई:

रोज़ प्रार्थना करें: **"हे प्रभु, मुझे ठीक-ठीक बताएं कि आप आज और इस मौसम में मुझसे क्या करवाना चाहते हैं। मेरे शेड्यूल, मेरे रिश्तों और मेरे कदमों को आपकी इच्छा के अनुसार बनाएं।"**

12 में से 11वां पाठ— आपके पास अनंत ऊर्जा और असीम शक्ति है

पॉल ने घोषणा की:

“ओह, हम में जो उस पर भरोसा करते हैं, उसका काम कितना शानदार है—असीमित ऊर्जा, असीम शक्ति!”

— इफिसियों 1:19 (MSG)

यीशु कहते हैं:

“स्वर्ग और पृथ्वी का सारा अधिकार मुझे दिया गया है।”

— मैथ्यू 28:18

वही शक्ति जिसने यीशु को मरे हुओं में से ज़िंदा किया था, आपके अंदर भी काम कर रही है। आप बेबस नहीं हैं। आप लाचार नहीं हैं। आप जीत के लिए नहीं लड़ रहे हैं;

आप जीत से लड़ रहे हैं।

आप एक दिव्य शक्ति के स्रोत से जुड़े हुए हैं। सॉकेट में लगे लैंप की तरह, आप अपनी रोशनी खुद नहीं बनाते - आप उसे लेते हैं और छोड़ते हैं।

कार्रवाई:

अपनी ज़िंदगी के किसी एक हिस्से को पहचानें जहाँ आपने खुद को हारा हुआ महसूस किया है। धर्मग्रंथ से कोई ऐसा वादा ढूंढें जो उस हिस्से के बारे में बताता हो। उस वादे को हर दिन ज़ोर से बोलना शुरू करें, यह विश्वास करते हुए कि फिर से ज़िंदा करने की शक्ति आप में काम कर रही है।

पाठ 12 का 12 — चर्च ईश्वर की राष्ट्र बनाने वाली संस्था है (और नाइजीरिया के लिए एक भविष्यवाणी वाला संदेश)

पॉल ने निष्कर्ष निकाला:

"चर्च दुनिया के लिए बाहरी नहीं है; दुनिया चर्च के लिए बाहरी है।"

— इफिसियों 1:23 (MSG)

भगवान कहते हैं:

"अगर मेरे लोग, जो मेरे नाम से जाने जाते हैं, दीन होकर प्रार्थना करें और मेरा चेहरा खोजें और अपने बुरे कामों से फिरें, तो मैं स्वर्ग से सुनूंगा, और उनके पाप माफ़ कर दूंगा और उनकी ज़मीन को ठीक कर दूंगा।"

— 2 इतिहास 7:14

मुझे एक बहुत ही पर्सनल और प्रोफेटिकल जर्नी शेयर करने दीजिए।

मैं 2006 तक यूनाइटेड किंगडम में था, जब भगवान ने मुझे सपने में दर्शन दिए और नाइजीरिया लौटने को कहा। मैं हिचकिचाया। मैंने संघर्ष किया। आखिरकार, मैंने उनकी बात मानी और वापस लौट आया।

2007 से हर साल की शुरुआत में, मैं 7 दिन का उपवास और प्रार्थना करता था, और प्रभु से एक ही सवाल पूछता था:

"हे प्रभु, आप मुझे नाइजीरिया वापस क्यों लाए?"

कुछ समय के लिए स्वर्ग शांत हो गया।

फिर 2009 में, उन 7-दिन के उपवासों में से एक के दौरान, प्रभु ने आखिरकार कहा:

"मैं चाहता हूँ कि आप रिवाइवल पर एक किताब लिखें। नाइजीरिया में चर्च से कहो कि वे पश्चाताप करें। अगर वे ऐसा नहीं करते हैं, तो मैं उत्तरी सेना को रिहा कर दूँगा।"

2010 की शुरुआत में, वह किताब लिखी गई थी—बिना किसी नाम के। वह गुमनाम थी। संदेश मायने रखता था, संदेश देने वाला नहीं।

12 दिनों में , हमने **7,000 km** से ज़्यादा का सफ़र किया , एक राज्य से दूसरे राज्य तक गाड़ी चलाकर गए—सभी **37 राज्यों में** (36 राज्य और FCT), और हर राज्य में कम से कम **7 चर्चों को किताब की 12 कॉपी** मिलीं , जिसमें चर्च को पछतावा करने के लिए कहा गया।

उस राष्ट्रीय काम के कई साल बाद एक और काम हुआ। 2021 में, प्रभु ने फिर कहा:

"युवा नेताओं तक पहुंचें, और संगठित चर्च से बचें।"

भगवान की कृपा से **21 दिनों** में वह काम पूरा हो गया।

इन अनुभवों से, प्रभु ने मेरे लिए एक बात बिल्कुल साफ़ कर दी—न सिर्फ़ नाइजीरिया के लिए, बल्कि दुनिया के देशों के लिए:

नाइजीरिया में संकट का जवाब एसो रॉक, अबुजा; वाशिंगटन में व्हाइट हाउस; या लंदन में बकिंघम पैलेस में नहीं है।
जवाब पूरी तरह से चर्च के पास है।

अगर परमेश्वर के लोग - उसका चर्च - खुद को नम्र करेंगे, प्रार्थना करेंगे, उसका चेहरा देखेंगे, और अपने बुरे रास्तों से दूर हो जाएंगे, तो वह सुनेगा, वह माफ़ करेगा, और वह देश को ठीक कर देगा।

यह मैसेज सिर्फ़ नाइजीरियाई चर्च के लिए नहीं है। यह दुनिया भर के चर्च के लिए एक चेतावनी है। हमने अपनी सरकारों को बहुत ज़्यादा ज़िम्मेदारी दी है, पॉलिटिकल सिस्टम से बहुत ज़्यादा उम्मीदें रखी हैं, और प्रार्थना करने वाले, पछतावा करने वाले, आज्ञा मानने वाले चर्च की ताकत को बहुत कम दिया है।

हमें अपने घुटनों पर लौटना होगा।

हमें अपने पहले प्यार के पास लौटना होगा। हमें एक बार फिर विश्वास करना होगा कि भगवान एक समर्पित चर्च के ज़रिए देशों को ठीक कर सकते हैं।

कार्रवाई:

- मसीह के शरीर के हिस्से के तौर पर अपनी भूमिका को अपनाएं—एक दर्शक के तौर पर नहीं, बल्कि एक भागीदार के तौर पर।
- अपने देश के लिए रेगुलर प्रार्थना करना शुरू करें, गुस्से या निराशा में नहीं, बल्कि विश्वास और पछतावे के साथ।
- परमेश्वर से पूछें कि वह आपको कहाँ खड़ा होने के लिए बुला रहा है - आपके परिवार में, आपके समुदाय में, आपके शहर में, आपके देश में।

प्रतिबिंब

पवित्र आत्मा के साथ समय बिताएँ और इन सवालों पर सोचें:

- भगवान ने मेरे अंदर ऐसा कौन सा खजाना छिपाया है जिसे मुझे अब जानबूझकर निकालना होगा?
- भगवान ने मेरे लिए कौन सी पहचान बताई है जिसे मैंने अभी तक पूरी तरह से अपनाया नहीं है?
- मुझे किस लिमिटेशन या झूठ से एग्रीमेंट तोड़ना होगा?
- इस मौसम में परमेश्वर कौन सा खास काम बता रहा है?
- अभी किसे मेरी मदद, हिम्मत या सपोर्ट की ज़रूरत है?

- मुझे किस तरह के असर (विश्वास, परिवार, शिक्षा, सरकार, अर्थव्यवस्था, मीडिया/कला, विज्ञान/टेक्नोलॉजी) पर असर डालने के लिए बुलाया गया है?
- परमेश्वर मुझे अपने देश के लिए खड़े होने के लिए कैसे बुला रहा है?

घोषणाओं

अपने जीवन में इन बातों को साहसपूर्वक बोलें:

मुझे समय से पहले चुना गया है।
भगवान मुझे जानते हैं, प्यार करते हैं और मेरे लिए प्लान बनाते हैं।
पवित्र आत्मा ने मुझे सील किया है और ताकत दी है। मैं भगवान का ईगल हूँ — मैं उठता हूँ, मैं ऊँची उड़ान भरता हूँ। मेरी पहचान क्राइस्ट में है, मेरे अतीत में नहीं।
मेरे काम के लिए मुझे जो कुछ भी चाहिए, वह क्राइस्ट में पहले से ही दिया गया है।
मैं हार में नहीं, बल्कि फिर से ज़िंदा करने की ताकत से चलता हूँ। मैं फिर से ज़िंदा होने और बदलाव का एक ज़रिया हूँ। मैं अपने देश में भगवान के राज का एक एम्बेसडर हूँ। मैं भगवान का दिया हुआ अपना काम बहुत अच्छे से और खुशी से पूरा करूँगा। यीशु के महान नाम में—आमीन।

प्रार्थना

पिता,

दुनिया की शुरुआत से पहले आपने हममें जो हमेशा रहने वाले खजाने छिपाए थे, उन्हें दिखाने के लिए आपका धन्यवाद। हमें चुनने, हमसे प्यार करने, हमें अपनाने, हमें सील करने और अपने शानदार मकसद में बुलाने के लिए आपका धन्यवाद।

हे प्रभु, हमारी आँखें खोलो ताकि हम देख सकें कि आपने हममें से हर एक को क्या करने के लिए बुलाया है। झूठी पहचान को दूर करो और हमें इस सच्चाई से भर दो कि हम मसीह में कौन हैं। हमारे अंदर आपको खोजने, गहराई से जानने और आपके अंदर रखे खज़ानों को खोजने की पवित्र भूख जगाओ।

अपनी आत्मा से हमें कभी न खत्म होने वाली एनर्जी और बेहिसाब ताकत दें। हमें अपने ईगल बनाएं—तूफ़ानों से ऊपर उठें, स्वर्ग के नज़रिए से देखें, और आपका मैसेज धरती तक ले जाएं।

हम नाइजीरिया और देशों को आपके सामने उठाते हैं। हमें माफ़ करें जहाँ हमने प्रार्थना से ज़्यादा राजनीति पर, आपकी आत्मा से ज़्यादा सिस्टम पर भरोसा किया है। हमें, आपके चर्च को, सच्चे पश्चाताप की ओर ले जाएँ। जब हम खुद को विनम्र करते हैं, प्रार्थना करते हैं, आपका चेहरा देखते हैं, और अपने बुरे रास्तों से मुड़ते हैं, तो हमारी ज़मीन को ठीक करें।

हे प्रभु, हममें नई जान आने दें और हमारे ज़रिए बहने दें। देशों में अपने वचन के बीज बोने के लिए हमारा इस्तेमाल करें और देखें कि आपके हमेशा रहने वाले सच से लोगों की ज़िंदगी कैसे बदल जाती है। आपने हमें जो काम दिए हैं, उन्हें ईमानदारी, हिम्मत और खुशी के साथ पूरा करने में हमारी मदद करें।

यीशु के महान नाम में - आमीन।

द साइलेंट वॉर:
12 सबक जब चुप्पी ठीक करती है, जब चुप्पी नुकसान पहुंचाती है, और जब चुप्पी भगवान की सबसे ऊंची आवाज बन जाती है

परिचय — वह शब्द जिसने मेरी आत्मा को बाधित किया

यूट्यूब लिंक https://youtu.be/WVmcA6x-v2E

आज सुबह, पवित्र आत्मा के साथ मेरी शांत बातचीत के दौरान, कुछ अजीब हुआ। एक शब्द नहीं, एक वाक्य नहीं — बल्कि एक अकेला, भारी शब्द मेरी आत्मा में उतरा:
"मौन।"

यह फुसफुसाया नहीं। यह उतरा।
अचानक मैंने देखा कि चुप्पी की वजह से किस्मत दफ़न हो रही है... चुप्पी की वजह से शादियां बर्बाद हो रही हैं... चुप्पी की वजह से देश हिल रहे हैं... विश्वासी आध्यात्मिक रूप से मर रहे हैं क्योंकि वे भगवान को पुकारने से मना कर रहे हैं।
और पवित्र आत्मा ने फिर फुसफुसाया:

"चुप्पी एक हथियार है। लेकिन गलत हाथों में चुप्पी एक श्राप बन जाती है।"
यह मौन युद्ध है - और इन 12 पाठों में हम यह पता लगाएंगे कि मौन कब चंगा करता है, कब मौन नुकसान पहुंचाता है, और कब मौन ईश्वर की सबसे ऊंची आवाज बन जाता है।

पाठ 1 — वह मुलाकात जिसने किस्मत बदल दी

एक युवा मैनेजर एक गरमागरम मीटिंग में बैठा था। सीनियर लीडर्स में ज़ोरदार बहस हो रही थी, हर कोई दूसरे पर हावी होने की कोशिश कर रहा था। वह बोलना चाहता था — यह साबित करने के लिए कि वह काबिल है। लेकिन किसी ने फुसफुसाया:
"चुप हो।"
उसने देखा। उसने सुना। उसने समझा।
जब हंगामा शांत हुआ, तो CEO ने उसकी तरफ देखा और कहा, "तुम चुप रहे हो। तुम्हें क्या लगता है?"
उन्होंने केवल एक वाक्य बोला- और उस वाक्य ने वह समस्या हल कर दी जो वरिष्ठ अधिकारी नहीं कर सके।
चुप्पी ने उसे कम नहीं किया। बल्कि उसे ऊपर उठाया।
धर्मग्रंथों
नीतिवचन 17:28 MSG: "जब तुम चुप रहते हो, तो तुम्हें बुद्धिमान माना जाता है; जब तुम अपना मुंह बंद रखते हो, तो तुम बुद्धिमानी दिखाते हो।"
यशायाह 53:7 TPT: "वह चुप रहा और कुछ नहीं बोला..."

रहस्योद्घाटन

चुप्पी ही स्ट्रेटेजिक मैच्योरिटी है।

प्रार्थना

हे प्रभु, मुझे शांति का ज्ञान सिखाओ।

पाठ 2 — वह महिला जिसने शांति में ईश्वर को पाया

वह बहुत परेशान होकर उठी — बिल, ज़िम्मेदारियाँ, इमोशनल लड़ाइयाँ। उसने ज़ोर से प्रार्थना करने की कोशिश की... कुछ नहीं हुआ। उसने पूजा करने की कोशिश की... कुछ नहीं हुआ।

तो वह चुपचाप बैठी रही। कोई म्यूज़िक नहीं। कोई बात नहीं। बस शांति।

उस सन्नाटे में, एलिजा की तरह, उसे एक फुसफुसाहट महसूस हुई:

"इसे करें..."

वह फुसफुसाहट उसके लिए ब्रेकथ्रू बन गई।

धर्मग्रंथों

1 राजा 19:12 MSG: "आग के बाद, एक धीमी और धीमी फुसफुसाहट..."

हबक्कूक 2:20 TPT: "सारी पृथ्वी उसके सामने चुप रहे।"

रहस्योद्घाटन

भगवान मौन में सबसे स्पष्ट बोलते हैं।

प्रार्थना

हे प्रभु, अपनी शांत आवाज़ के लिए मेरे कान खोलो।

पाठ 3 — वह इंतज़ार जो छोड़ दिए जाने जैसा लगा

एक आदमी ने महीनों तक नौकरी के लिए प्रार्थना की। स्वर्ग चुप था। उसे लगा कि उसे भुला दिया गया है।

लेकिन भगवान की चुप्पी रिजेक्शन नहीं थी - यह तैयारी थी। बाद में उन्होंने जो दरवाज़ा खोला, वह उस आदमी की प्रार्थना से कहीं ज़्यादा बड़ा था।

धर्मग्रंथों

भजन 62:5 **टीपीटी**: "मैं पूर्ण शांति में खड़ा हूं... जितनी देर लगे उतनी देर तक इंतज़ार करूंगा।"

विलाप 3:26 MSG: "चुपचाप उम्मीद करना अच्छी बात है..."

रहस्योद्घाटन

स्वर्ग की चुप्पी स्वर्ग का इनकार नहीं है।

प्रार्थना

हे प्रभु, मुझे आपके समय पर भरोसा करने में मदद करें।

पाठ 4 — वह महिला जिसने मूर्खों की लड़ाई लड़ने से इनकार कर दिया

ऑनलाइन उसकी बुराई की गई। लोगों ने उसका मज़ाक उड़ाया, उसकी बातों को तोड़-मरोड़कर पेश किया, उसके कैरेक्टर पर हमला किया। उसका शरीर जवाब देना चाहता था, लेकिन भगवान ने फुसफुसाया:

"चुप हो।"

महीनों बाद, सच्चाई सामने आ गई - बिना उसके लड़े।

धर्मग्रंथों

निर्गमन 14:14 TPT: "यहोवा तुम्हारे लिए लड़ेगा। बस चुप रहो।"

मैथ्यू 27:14 MSG: "यीशु ने कुछ नहीं कहा। एक शब्द भी नहीं..."

रहस्योद्घाटन

मौन आध्यात्मिक अधिकार का एक हथियार है।

प्रार्थना

हे प्रभु, मेरी प्रतिक्रिया की मांग करने वाले हर तूफान को शांत कर दो।

पाठ 5 — वह बहस जो कभी हुई ही नहीं

एक पति-पत्नी के बीच बहुत बड़ी बहस हो रही थी। चोट पहुँचाने वाले शब्द आग की तरह उठ रहे थे। पति रुका... साँस ली... और चुप हो गया।

उनकी चुप्पी से माहौल नरम हो गया। वे सुलह कर गए।

धर्मग्रंथों

नीतिवचन 15:1 MSG: "कोमल प्रतिक्रिया क्रोध को शांत करती है..."

याकूब 1:19 TPT: "बोलने में धीमे रहो..."

रहस्योद्घाटन

चुप्पी रिश्तों को बचा सकती है।

प्रार्थना

हे प्रभु, मुझे संयम की कृपा प्रदान करो।

पाठ 6 — वह नर्स जिसने एक आदमी को लगभग मरने ही दिया था

एक नर्स ने दवा की एक जानलेवा गलती देखी — लेकिन डर ने उसे चुप करा दिया। जब उसने आखिरकार बात की, तो उस आदमी को बचा लिया गया।

धर्मग्रंथों

नीतिवचन 31:8–9 **टीपीटी:** "निराश्रितों के लिये बोलो!"

यहेजकेल 3:18 **एमएसजी:** "यदि आप नहीं बोलेंगे ... मैं आपको जिम्मेदार ठहराऊंगा।"

रहस्योद्घाटन

चुप्पी तब पाप बन जाती है जब वह सच को छुपाती है।

प्रार्थना

हे प्रभु, मुझे बोलने की हिम्मत दो, जब लोगों की जान मेरी आवाज़ पर निर्भर हो।

पाठ 7 — वह किशोर जो अकेले दुख झेल रहा था

एक टीनेजर जिसे परेशान किया गया, महीनों तक चुप रही। चुप्पी ने उसे लगभग खत्म कर दिया था। एक रात आखिरकार वह चिल्लाई और उसकी माँ ने सुना और उसे बचाया।

धर्मग्रंथों

2 **तीमुथियुस** 1:7 **TPT:** "परमेश्वर तुम्हें कभी भी डर की आत्मा नहीं देगा..."

उत्पत्ति 3 **MSG:** आदम की चुप्पी ने साँप को ताकत दी।

रहस्योद्घाटन

डरावनी चुप्पी दुश्मन को ताकत देती है।

प्रार्थना
हे प्रभु, मेरे जीवन की हर डरावनी खामोशी को तोड़ दो।

पाठ 8 — अकेले में मरता हुआ आदमी

एक सफल आदमी अंदर से मर रहा था। डिप्रेशन ने उसे चुप करा दिया। एक रात वह टूट गया और चिल्लाया:
"भगवान मेरी मदद करो!"
वह रोना उसके लिए इलाज बन गया।
धर्मग्रंथों
भजन 32:3 एमएसजी: "जब मैंने यह सब अंदर रखा, तो मेरी हड्डियां पाउडर में बदल गईं।"
भजन 39:2–3 TPT: "चुप्पी ने मेरे दर्द को और बदतर बना दिया।"
रहस्योद्घाटन
जब चुप्पी दर्द को छुपाती है तो वह ताकत नहीं होती।
प्रार्थना
हे प्रभु, मुझे चुपचाप दुख से बचाओ।

पाठ 9 — जब परमेश्वर बोलना बंद कर देता है

शाऊल ने बात नहीं मानी — और भगवान चुप हो गए।
एली ने समझौता किया — और स्वर्ग शांत हो गया। डेविड ने पाप

किया — और भगवान तब तक पीछे हटे जब तक उन्होंने पछतावा नहीं किया।

धर्मग्रंथों

1 शमूएल 28:6 MSG: "परमेश्वर ने शाऊल को उत्तर देने से इनकार कर दिया..."

भजन 51:12 TPT: "मेरा आनन्द फिर से लौटा दे!"

रहस्योद्घाटन

ईश्वरीय शांति एक चेतावनी है - जो हमें घर वापस बुला रही है।

प्रार्थना

हे प्रभु, पाप के कारण हुई हर चुप्पी को ठीक कर दीजिए।

पाठ 10 — शादी का हत्यारा

उन्होंने कभी मारा नहीं। कभी बेइज़्ज़ती नहीं की।
उन्होंने बस कुछ नहीं कहा - दिनों, हफ़्तों, महीनों तक।
इस हथियारबंद चुप्पी ने उनकी करीबी को खत्म कर दिया।

धर्मग्रंथों

मैथ्यू 5:37 MSG: "बस हाँ और ना कहो..."

उत्पत्ति 4:9 एमएसजी: "कैन ने कुछ भी सच नहीं कहा।"

रहस्योद्घाटन

जो चुप्पी मैनिपुलेट करती है वह शैतानी है।

प्रार्थना

हे प्रभु, उन सभी जगहों को ठीक कर दो जहाँ चुप्पी ने मेरे रिश्तों को चोट पहुंचाई है।

पाठ 11 — शांति जिसने स्पष्टता को जन्म दिया

एक युवा लीडर ने रोज़ाना 15 मिनट शांति से रहने की प्रैक्टिस की। आइडिया आए। क्लैरिटी आई। डायरेक्शन मिला।

धर्मग्रंथों

भजन 46:10 TPT: "चुप रहो और जानो…"

यहोशू 1:8 **एमएसजी**: "चिंतन करो… ध्यान करो… दिन और रात।"

रहस्योद्घाटन

पवित्र मौन से स्पष्टता आती है।

प्रार्थना

हे प्रभु, मुझे पवित्र शांति में खींच लो।

पाठ 12 — वह जंगल जिसने एक योद्धा बनाया

यीशु 40 दिन तक चुप रहे... और शक्ति के साथ लौटे।

मूसा 40 दिन तक चुप रहे... और महिमा के साथ लौटे।

धर्मग्रंथों

लूका 4:14 MSG: "यीशु आत्मा में सामर्थी होकर लौटा।"

निर्गमन 34:28 TPT: "मूसा चालीस दिन तक यहोवा के पास रहा…"

रहस्योद्घाटन

इससे पहले कि परमेश्वर आपको प्रकट करे, वह आपको छिपा लेता है।

प्रार्थना
हे प्रभु, मुझे मौन में शुद्ध करो और शक्ति में प्रकट करो।

अंतिम घोषणाएँ

- मेरी चुप्पी मुझे नष्ट नहीं करेगी।
- मैं डरावनी चुप्पी को अस्वीकार करता हूँ।
- मैं उस चुप्पी को अपनाता हूँ जो ठीक करती है, न कि उस चुप्पी को जो नुकसान पहुँचाती है ।
- जब चुप्पी खतरनाक हो जाएगी तो मैं चिल्लाऊँगा।
- मेरे जीवन में परमेश्वर की आवाज़ कभी शांत नहीं होगी।
- मेरी चुप्पी मुझे शक्ति के लिए तैयार करती है।

अंतिम प्रार्थना

पिता, चुप्पी की सच्चाई बताने के लिए आपका धन्यवाद। मुझे नुकसान पहुंचाने वाली चुप्पी से बचाओ। डर, पाप या अपराधबोध की वजह से होने वाली हर चुप्पी को तोड़ो। मेरी ज़िंदगी में अपनी आवाज़ वापस लाओ। मुझे सिखाओ कि कब बोलना है, कब शांत रहना है, कब चिल्लाना है और कब सुनना है। मेरी चुप्पी में आपकी

मौजूदगी हो, और मेरे शब्दों में आपका अधिकार हो। यीशु के नाम में — आमीन।

यह पूरा हो गया है: एक जीवित वेदी बनना

यूट्यूब लिंक
https://youtu.be/ozy1YLRm5rc?si=suel4ngAL7HIQJZW

पॉडकास्ट लिंक
https://open.spotify.com/episode/5VzJgpuxGWtJpfTFOAEIxj

मसीह में प्रिय मित्रों - भाइयों और बहनों जो हर दिन यीशु के साथ चलते हैं।

हमारी बिज़ी ज़िंदगी में, परिवार, काम और अपने आस-पास की दुनिया की चिंताओं से भरी हुई, कई दिशाओं में खिंचा हुआ महसूस करना आसान है। हमने वेदी बनाने के बारे में शिक्षाएँ सुनी हैं—पहाड़ों पर बीज बोना या परेशानियों से उबरने के लिए और ऊँचे पहाड़ बनाना। लेकिन आइए रुकें और ध्यान से सुनें कि भगवान असल में क्या कह रहे हैं। सच आसान और आज़ाद करने वाला है: **यह पूरा हो गया है!** कोई खून, कोई खास भेंट, कोई ज़्यादा कोशिश उस काम में कुछ नहीं जोड़ सकती जो यीशु ने क्रॉस पर किया था। वह आखिरी वेदी थी, और उसका संदेश आज भी ताकत के साथ गूंजता है।

इस बारे में सोचिए: वेदी सिर्फ़ चर्च या मंदिर में कोई फैंसी बनावट नहीं है। यह कोई भी जगह या चीज़ है जिसे हम भगवान को या किसी और चीज़ को समर्पित करते हैं। जब हम कोई चीज़ पूरी तरह से भगवान को देते हैं, तो वह स्वर्ग और धरती के बीच एक पवित्र मिलन की जगह बन जाती है। लेकिन अगर हम इसे डर, गुस्से या गलत असर को समर्पित

कर दें, तो यह अंधेरे के दरवाज़े खोल सकती है। बाइबिल से, हम यह साफ़ तौर पर देखते हैं। नूह ने बाढ़ के बाद भगवान को धन्यवाद देने के लिए एक वेदी बनाई (उत्पत्ति 8:20), और अब्राम ने भी वही किया जहाँ भगवान ने उससे बात की थी (उत्पत्ति 12:7)। ये समर्पण के आसान काम थे, जो भगवान की मौजूदगी और आशीर्वाद को बुलाते थे (निर्गमन 20:24)। फिर भी, धर्मग्रंथ हमें चेतावनी भी देते हैं: झूठे देवताओं या मूर्तियों की वेदियाँ तोड़ दी जाएँगी (यहेजकेल 6:4), क्योंकि हम जो समर्पित करते हैं वह बहुत मायने रखता है।

यह सब का हृदय: वह वेदी जहाँ स्वर्ग हमसे मिलता है

दोस्तों, आप बड़ी-बड़ी चीज़ें बनाने में समय बिता सकते हैं—जैसे एक सुंदर घर या एक सफल करियर—और फिर भी सबसे ज़रूरी वेदी को मिस कर सकते हैं: जो आपके अपने दिल में है। हमारी हर सांस, हमारा हर चुनाव, या तो हमें भगवान की रोशनी के करीब ला सकता है या हमें दुनिया की परछाइयों में खींच सकता है। अब तक की सबसे बड़ी वेदी इंसानों ने नहीं बनाई थी; वह जीसस का क्रॉस था। वहाँ, कलवारी की उस खुरदरी लकड़ी पर, भगवान और इंसानियत इस तरह मिले जिसने सब कुछ बदल दिया। न्याय और दया एक साथ आए, और जब जीसस ने कहा, "यह पूरा हुआ" (John 19:30), तो उनका यही मतलब था। हर पुराना श्राप, हर पारिवारिक संघर्ष, हर डर हमेशा के लिए खत्म हो गया। अब कभी न खत्म होने वाले बलिदानों की ज़रूरत नहीं है—उनका खून सब कुछ ढक देता है (Hebrews 7:27; Hebrews 9:11-14)।

अब, परमेश्वर के इस नए वादे—नए करार—के तहत वह हमारे अंदर रहने आता है। जैसा कि यिर्मयाह ने वादा किया था, परमेश्वर अपने तरीके हमारे दिल और दिमाग में डालता है (यिर्मयाह 31:33)। योएल ने सभी लोगों पर पवित्र आत्मा के उंडेले जाने की बात कही (योएल 2:28-29), और पीटर ने इसे पिन्तेकुस्त के दिन होते देखा (प्रेरितों के काम 2:17-18)। पॉल हमें याद दिलाता है कि परमेश्वर हाथों से बनी इमारतों में नहीं रहता (प्रेरितों के काम 17:24-25); इसके बजाय, हम आत्मा और सच्चाई से, दिल से, कहीं भी और कभी भी उसकी पूजा करते हैं (यूहन्ना 4:23-24)। यह रोज़मर्रा की ज़िंदगी के लिए असली आज़ादी है—कोई रस्म-रिवाज नहीं, बस उसके साथ करीब से चलना।

ईश्वर की वेदी के रूप में जीना: सरल समर्पण का आह्वान

रोमियों 12:1-2 से सीधे लिया गया यह खूबसूरत हिस्सा है: "भाइयों और बहनों, मैं तुमसे भगवान की दया से गुज़ारिश करता हूँ कि तुम अपने शरीर को एक जीवित, पवित्र और भगवान को खुश करने वाले बलिदान के तौर पर चढ़ाओ—यही तुम्हारी सच्ची और सही पूजा है। इस दुनिया के तरीके के हिसाब से मत बनो, बल्कि अपने मन को नया करके बदल जाओ।" अब हम पत्थर की वेदी पर जानवर या तोहफ़े नहीं लाते। इसके बजाय, हम खुद वेदी बन जाते हैं—हमारी पूरी ज़िंदगी

उसके लिए कुर्बान हो जाती है। हमारे शरीर उसका मंदिर हैं, हमारे दिल चढ़ाने की जगह हैं, और उसकी आत्मा वह आग है जो अंदर जलती है।

अपने रोज़ के रूटीन में यह सोचिए: जब आप अपनी सुबह की कॉफ़ी के समय को प्रार्थना के लिए रखते हैं, तो यह एक वेदी बन जाती है। जब आप परिवार के झगड़े में माफ़ी चुनते हैं, तो आपका घर पवित्र ज़मीन बन जाता है। लेकिन अगर हम घमंड या चिंता को हावी होने देते हैं, तो हम अनजाने में छिपी हुई वेदियां बना सकते हैं—जो हमारी शांति चुरा लेती हैं। क्या आप रोज़, हर जगह, कहीं भी भगवान को देखना और महसूस करना चाहते हैं? तब फिलिप्पियों 4:8 ध्यान के लिए एक सहारा बन जाता है: जो कुछ भी सच है – सच्चा, झूठ से बचें; नेक – नैतिक रूप से, न्यायपूर्ण – जैसे न्याय में, शुद्ध – पवित्रता से भगवान दिखेंगे; प्यार – जैसे प्यार करना, बिना शर्त, प्यारा; अच्छी रिपोर्ट – बुरी रिपोर्ट नहीं; अच्छाई; तारीफ़ के लायक। इसमें कहा गया है कि इन बातों पर ध्यान करें, सिर्फ़ पढ़ें नहीं, और शांति का भगवान आपके साथ रहेगा। बाइबिल कहती है कि वेदी पर लगी आग कभी नहीं बुझनी चाहिए (लैव्यव्यवस्था 6:12-13), तो आइए हम अपने दिलों को भगवान के लिए प्यार से गर्म रखें। उदाहरण के लिए, काम पर या घर पर टेंशन वाले दिन, रुकें और अपने विचारों को उन चीज़ों पर फोकस करें जो सच्ची, अच्छी और पवित्र हैं—यह आपके दिमाग को नया करता है और भगवान की शांति को आपके साथ रहने के लिए बुलाता है, जिससे आम पल पवित्र बन जाते हैं। जैसा कि भजन लिखने वाला कहता है, "मैं भगवान की वेदी के पास जाऊँगा, भगवान के पास जो मेरी बहुत ज़्यादा खुशी है" (भजन 43:4)। स्वर्ग में भी, हम वेदी के नीचे आत्माओं को न्याय के लिए रोते हुए देखते हैं (प्रकाशितवाक्य 6:9), यह दिखाता है कि कैसे वेदी हमें भगवान के हमेशा रहने वाले मकसद से जोड़ती है।

काम करने का समय: आज के लिए प्रैक्टिकल कदम

इसे सिर्फ़ सुनें नहीं—आइए इसे साथ मिलकर जिएं। भगवान हमें काम करने के लिए बुला रहे हैं, ठीक वहीं जहां हम हैं:

1. **जो टूटा है उसे फिर से बनाएँ।** जैसे एलिय्याह ने आग लगने से पहले भगवान की वेदी को ठीक किया था (1 राजा 18:30), वैसे ही अपनी ज़िंदगी में जो टूटा है उसे ठीक करने से शुरुआत करें। हो सकता है कि आपकी प्रार्थना का समय ठंडा पड़ गया हो, या कोई रिश्ता जिसे ठीक करने की ज़रूरत हो (मैथ्यू 5:23-24)। भगवान से इसे ठीक करने में मदद माँगें—वह सब ठीक कर देंगे और आग भी।
2. **अपनी रोज़ाना की वेदियों की रक्षा करें।** आप दो मालिकों या दो आग की सेवा नहीं कर सकते (मैथ्यू 6:24)। अपनी पसंद देखें: क्या आपका काम भगवान की महिमा के लिए है, या सफलता पाने के लिए? अपना घर उन्हें समर्पित करें, और यह एक ऐसी जगह बन जाएगी जहाँ स्वर्ग धरती को छूता है (एक्सोडस 20:24)। अपने बच्चों को उनके तरीकों से पालें, और वे उनकी मौजूदगी के जीते-जागते उदाहरण बनेंगे।
3. **गलत लोगों को छोड़ दें।** कुछ वेदियां हमारे विचारों या पिछली गलतियों में छिपी होती हैं। लेकिन क्रॉस किसी भी अंधेरे से ज़्यादा ज़ोर से बोलता है (इब्रानियों 13:10)। डर, नाराज़गी या पुरानी आदतों को छोड़ दें—मसीह के बलिदान में हिस्सा लें, और उनकी जीत में शामिल हों (1 कुरिन्थियों 10:18)।

4. **चलती-फिरती वेदी की तरह जिएं।** भगवान की मौजूदगी को हर जगह ले जाएं। उनके वचन से रोज़ अपने मन को नया करें, और देखें कि वह कैसे आम पलों को पवित्र पलों में बदल देते हैं। यह बड़े कामों के बारे में नहीं है; यह लगातार समर्पण के बारे में है।

सच्ची प्रार्थना का एक पल: स्वीकारोक्ति और नवीनीकरण

स्वर्ग में रहने वाले पिता, आज हम विनम्रता से आपके पास आते हैं। हम उन सभी वेदियों के लिए पछतावा करते हैं जो हमने आपकी नहीं बनाईं—स्वार्थ, घमंड, डर, लालच या समझौते की। हम अंधेरे के साथ समझौतों, अंधविश्वासों या गलत विचारों से दूर हो जाते हैं। हम यीशु के क्रॉस पर वापस आते हैं, अपनी ज़िंदगी—अपने विचार, शब्द, हाथ और घर—को एक जीवित बलिदान के रूप में पेश करते हैं। हमें शुद्ध करने के लिए अपनी पवित्र आग भेजें। हमारे दिमाग को नया करें और हमारे दिलों को आपके लिए नए प्यार से भर दें।

अपने जीवन पर यह सच बोलें: एक साहसिक घोषणा

इसे मेरे साथ ज़ोर से कहो, भगवान से वादा करके:

- मैं जीवित परमेश्वर के लिए एक वेदी हूँ।

- मेरा घर उसके लिए एक वेदी है।
- मेरी पूजा एक वेदी है।
- मेरा काम एक वेदी है।
- मेरी वेदी की आग कभी नहीं बुझेगी।
- यीशु का खून हर गलत वेदी पर जीत हासिल करता है।
- मैं उसके बलिदान से हमेशा के लिए पवित्र हो गया हूँ।
- यह समाप्त हो गया है!

निष्कर्ष

जैसे-जैसे हम इस 4-इन-1 सफ़र के आखिर में पहुँच रहे हैं, एक सच हर सबक, हर कहानी, हर धर्मग्रंथ और हर खुलासे से ऊपर उठता है जिसे हमने साथ मिलकर खोजा है: **भगवान ऐसे लोगों को तैयार कर रहे हैं जो एक साथ, बेहतर, जागे हुए और सरेंडर होकर जिएँगे।** ऐसे लोग जो सिर्फ़ सच की पढ़ाई नहीं करेंगे, बल्कि उसे अपनाएँगे। ऐसे लोग जो अपने पहाड़ों पर खड़े होंगे—अपनी ताकत से नहीं, बल्कि पवित्र आत्मा की आग और भरपूरी से।

हम उस आग के सामने खड़े हुए हैं जो परखती है और शुद्ध करती है। हमने उस खजाने को देखा है जो परमेश्वर ने समय शुरू होने से पहले हमारे अंदर छिपाया था। हम खामोशी के युद्ध के मैदान से गुज़रे हैं, इसकी समझदारी और इसके खतरे को सीखा है। हम क्रॉस के सामने घुटने टेके हैं, और एक पूरे हुए काम की आज़ादी को फिर से पाया है। इन चार संदेशों का मकसद कभी भी कागज़ पर लिखे विचार बनकर नहीं रहना था।

इन्हें दिल में हलचल बनने के लिए लिखा गया था।

अगर हम आग का विरोध करते हैं, तो हमें बेहतर बनाने के बारे में सीखने से क्या फ़ायदा?

अगर हम कभी अपनी पहचान पर नहीं चलते, तो उसकी क्या कीमत है? अगर हमारी चुप्पी या हमारी बातें गलत हैं, तो समझदारी का क्या फ़ायदा? अगर हम ऐसे कोशिश करते रहें जैसे क्राइस्ट का खून काफ़ी नहीं है, तो क्रॉस का क्या फ़ायदा?

यह किताब अब आपको यह सफ़र सौंपती है।

आप उस पहाड़ पर भगवान के असर का ज़रिया हैं जहाँ उन्होंने आपको लगाया है। आपके

पास दुनिया से भी पुराना खज़ाना है।

आपको अपने आस-पास और अपने अंदर की शांति को समझने के लिए बुलाया गया है।

आपको हर दिन एक चलती-फिरती वेदी की तरह जीने के लिए बुलाया गया है—अलग, सरेंडर, जलते हुए।

और खूबसूरत सच यह है:

आप अकेले नहीं चलते। वही आत्मा जिसने इन शब्दों को फूंका था, अब आप पर सांस लेती है। वह आपके साथ आपके परिवार, आपके काम, आपके बुलावे, आपके देश और आपके भविष्य में जाती है।

तो इस नतीजे को एक शुरुआत बनने दो।

इस किताब को एक लॉन्चिंग पैड बनने दो, लैंडिंग की जगह नहीं। अपने काम को साफ करने वाली आग से शुद्ध होने दो। अपने अंदर के खजाने को ऊपर उठने दो। पवित्र शांति को अपनी समझ को आकार देने दो। मसीह के पूरे हुए काम को अपनी ज़िंदगी तय करने दो।

आपका जीवन एकता का सबूत बने—

आपके कदम पिता की इच्छा के साथ तालमेल में हों, आपकी आवाज़ स्वर्ग की फ्रीक्वेंसी के साथ तालमेल में हो, आपका दिल आत्मा की लौ के नीचे स्थिर हो, और आपकी किस्मत मसीह ने जो पहले ही पूरा कर लिया है, उसमें टिकी हो।

हम प्रार्थना करते हैं कि जैसे-जैसे आप आगे बढ़ेंगे, स्वर्ग आपकी बात मानने को पहचानेगा,

धरती आपके बदलाव को देखेगी, और आपके बाद आने वाली पीढ़ियों को आपके तालमेल से फ़ायदा होगा।

आग ने तुम्हें बुलाया है।

खजाने ने तुम्हें नाम दिया है। खामोशी ने तुम्हें ट्रेन किया है। क्रॉस ने तुम्हें खत्म कर दिया है।

अब उठो—

और परमेश्वर की सारी इच्छा के अनुसार चलो।

कार्यवाई के लिए बुलावा

फसल के लिए साझेदारी

जैसे ही आप इस किताब को खत्म करेंगे, हम आपको इस सफ़र को एक कदम और आगे ले जाने के लिए बुला रहे हैं—न सिर्फ़ अपनी ज़िंदगी में, बल्कि दुनिया भर में अनगिनत लोगों की ज़िंदगी में भी। अगर गॉड्स ईगल मिनिस्ट्रीज़ (GEM) के मैसेज ने आपके दिल को मज़बूत किया है, जगाया है, या फिर उसे ठीक किया है, तो हम आपसे विनम्रता से गुज़ारिश करते हैं कि **फसल के लिए हमारे साथ पार्टनरशिप करने के बारे में सोचें**। दुनिया सच्चाई, उम्मीद और पवित्र आत्मा की कोमल लेकिन साफ़ आवाज़ की भूखी है, और हम सब मिलकर इन मैसेज को वहाँ पहुँचा सकते हैं जहाँ इनकी सबसे ज़्यादा ज़रूरत है।

हमारा मानना है कि मीडिया सिर्फ़ टेक्नोलॉजी से कहीं ज़्यादा है—यह एक **आध्यात्मिक जाल है** जो देशों, गांवों, शहरों और छिपी हुई जगहों तक फैला हुआ है। फ़िल्म, वीडियो, रेडियो और डिजिटल मिनिस्ट्री के ज़रिए, GEM उन लोगों तक पहुँच रहा है जो शायद कभी चर्च में न गए हों, लेकिन जिनके दिल जीवित मसीह से मिलने के लिए खुले हैं।

आपकी पार्टनरशिप से हमें मदद मिलती है:

1. स्पिरिट से भरी फिल्म और वीडियो कंटेंट बनाएं

ऐसी कहानियाँ और शिक्षाएँ जो यीशु के प्यार को साफ़, समझने लायक और ज़िंदगी बदलने वाले तरीकों से ठीक करती हैं, प्रेरित करती हैं और दिखाती हैं।

2. **रेडियो पर सुसमाचार का प्रसारण करें**
परमेश्वर के वचन को जेलों, अस्पतालों, ग्रामीण इलाकों और इंटरनेट की पहुंच से बहुत दूर जगहों तक पहुंचाना—जहां उम्मीद कम है और सच्चाई कीमती है।

3. **हमारे सोशल मीडिया टीचिंग और डिसिप्लिनशिप कैंपेन को बढ़ाएं**
रोज़ाना भक्ति, प्रार्थना और शिक्षाएँ जो विश्वासियों को मज़बूत करती हैं, परिवारों को ठीक करती हैं, और दुनिया भर में शिष्यों को तैयार करती हैं।

आपका सपोर्ट क्यों ज़रूरी है

हर संदेश रोशनी का बीज बन जाता है।
हर शिक्षा बदलाव की लहर बन जाती है। उदारता का हर काम भगवान की दुनिया भर में होने वाली फसल का हिस्सा बन जाता है।
आपका दान इस सेवा को उन आत्माओं तक पहुँचने में मदद करता है जिनसे हम शायद धरती पर कभी न मिलें, लेकिन हमेशा ज़रूर मिलेंगे।
कोई तय रकम नहीं है—सिर्फ़ वैसे ही दें जैसा प्रभु आपको बताते हैं।
हर दान, चाहे बड़ा हो या छोटा, किंगडम को आगे बढ़ाने में एक भूमिका निभाता है।

साझेदारी करना या देना:
पेपैल:
https://www.paypal.com/ncp/payment/D6NEFW56KG8LU

Tithe.ly:
https://tithe.ly/give?c=308311

देने के सभी तरीके:
https://www.otakada.org/partnership-giving
हमारे साथ खड़े रहने के लिए धन्यवाद।
फसल बोने के लिए धन्यवाद। मसीह का संदेश देशों तक पहुँचाने में हमारी मदद करने के लिए धन्यवाद।
प्रभु आपको भरपूर आशीर्वाद दें, आपको भरपूर बढ़ाएं, और उनकी महिमा के लिए आपके बोए गए हर बीज को कई गुना बढ़ाएं।
यीशु के शक्तिशाली नाम में, आमीन।

—एम्बेसडर मंडे ओ. ओगबे
, फाउंडर, गॉड्स ईगल मिनिस्ट्रीज़ (GEM)
www.otakada.org

दोबारा जन्म कैसे लें और मसीह के साथ नया जीवन कैसे शुरू करें

हो सकता है कि आप पहले भी जीसस के साथ चले हों, या हो सकता है कि आप इन 40 दिनों में उनसे मिले हों। लेकिन अभी, आपके अंदर कुछ हलचल हो रही है।
आप धर्म से ज़्यादा के लिए तैयार हैं।
आप **रिश्ते के लिए तैयार हैं** ।
आप यह कहने के लिए तैयार हैं, "यीशु, मुझे आपकी ज़रूरत है।"
सच तो यह है:
"क्योंकि सबने पाप किया है; हम सब परमेश्वर के महिमामय मानक से कम हैं... फिर भी परमेश्वर, अपनी कृपा से, हमें अपनी दृष्टि में स्वतंत्र

रूप से धर्मी ठहराता है।"

— रोमियों 3:23–24 (NLT)

आप मुक्ति नहीं पा सकते।

आप खुद को ठीक नहीं कर सकते। लेकिन यीशु ने पहले ही पूरी कीमत चुका दी है — और वह आपका घर में स्वागत करने का इंतज़ार कर रहे हैं।

दोबारा जन्म कैसे लें

दोबारा जन्म लेने का मतलब है अपना जीवन यीशु को सौंप देना — उनकी माफ़ी को स्वीकार करना, यह मानना कि वह मरे और फिर जी उठे, और उन्हें अपना प्रभु और उद्धारकर्ता मानना।

यह आसान है। यह शक्तिशाली है। यह सब कुछ बदल देता है।

ज़ोर से प्रार्थना करें:

"प्रभु यीशु, मेरा मानना है कि आप परमेश्वर के पुत्र हैं।
मेरा मानना है कि आप मेरे पापों के लिए मरे और फिर से जी उठे।
मैं मानता हूँ कि मैंने पाप किया है और मुझे आपकी माफ़ी चाहिए।
आज, मैं पश्चाताप करता हूँ और अपने पुराने तरीकों से मुड़ता हूँ।
मैं आपको अपने जीवन में अपने प्रभु और उद्धारकर्ता बनने के लिए आमंत्रित करता हूँ। मुझे साफ़ करें। मुझे अपनी आत्मा से भरें। मैं घोषणा करता हूँ कि मैं फिर से जन्मा हूँ, माफ़ किया गया हूँ, और आज़ाद हूँ। आज से, मैं आपका अनुसरण करूँगा — और मैं आपके कदमों पर जीऊँगा। मुझे बचाने के लिए धन्यवाद। यीशु के नाम में, आमीन।"

मोक्ष के बाद अगले कदम

1. **किसी को बताएं** – अपना फ़ैसला किसी ऐसे विश्वासी के साथ शेयर करें जिस पर आपको भरोसा हो।
2. **बाइबल पर आधारित चर्च खोजें** – ऐसे समुदाय से जुड़ें जो परमेश्वर के वचन को सिखाता है और उसे जीता है।

   https://www.otakada.org या

https://chat.whatsapp.com/H67spSun32DDTma8TLh0ov के ज़रिए ऑनलाइन God's Eagle मिनिस्ट्रीज़ पर जाएँ।

3. **बपतिस्मा लें** – अपने विश्वास को सबके सामने बताने के लिए अगला कदम उठाएँ।
4. **रोज़ाना बाइबल पढ़ें** – जॉन के गॉस्पेल से शुरू करें।
5. **हर दिन प्रार्थना करें** – परमेश्वर से एक दोस्त और पिता के रूप में बात करें।
6. **जुड़े रहें** – अपने आस-पास ऐसे लोगों को रखें जो आपके नए काम को बढ़ावा दें।
7. **समुदाय में शिष्य बनाने की प्रक्रिया शुरू करें** – इन लिंक के ज़रिए यीशु मसीह के साथ एक-एक करके रिश्ता बनाएँ

40-दिन का शिष्यत्व 1 - https://www.otakada.org/get-free-40-days-online-discipleship-course-in-a-journey-with-jesus/

40 शिष्यत्व 2 - https://www.otakada.org/get-free-40-days-dna-of-discipleship-journey-with-jesus-series-2/

मेरा उद्धार का क्षण

तारीख : ________________________

हस्ताक्षर : ____________________

"अगर कोई मसीह में है, तो वह एक नई सृष्टि है; पुराना बीत गया है, नया आ गया है!"

— 2 कुरिन्थियों 5:17

मसीह में नए जीवन का प्रमाण पत्र

मुक्ति की घोषणा– अनुग्रह से नया जन्म

यह प्रमाणित करता है कि

____

(पूरा नाम)

उसने सबके सामने **यीशु मसीह में**

प्रभु और उद्धारकर्ता के रूप में विश्वास जताया है और उसकी मृत्यु और पुनरुत्थान के ज़रिए मुक्ति का मुफ़्त तोहफ़ा पाया है।

"अगर तुम खुले तौर पर यह ऐलान करो कि यीशु प्रभु है और अपने दिल में यकीन करो कि परमेश्वर ने उसे मरे हुओं में से ज़िंदा किया है, तो तुम बच जाओगे।"

— रोमियों 10:9 (NLT)

इस दिन स्वर्ग खुश होता है और एक नई यात्रा शुरू होती है।

निर्णय की तिथि : ________________________

हस्ताक्षर : ______________________________

मुक्ति घोषणा

"आज, मैं अपना जीवन जीसस क्राइस्ट को सौंपता हूँ।
मेरा मानना है कि वह मेरे पापों के लिए मरे और फिर से जी उठे। मैं उन्हें अपने प्रभु और उद्धारकर्ता के रूप में स्वीकार करता हूँ। मुझे माफ़ कर दिया गया है, मेरा फिर से जन्म हुआ है, और मैं नया बन गया हूँ। इस पल से, मैं उनके नक्शेकदम पर चलूँगा।"

वेलकम टू द फैमिली ऑफ गॉड!

आपका नाम मेमने की जीवन की किताब में लिखा है।

आपकी कहानी अभी शुरू हुई है — और यह हमेशा रहने वाली है।

गॉड्स ईगल मिनिस्ट्रीज़ से जुड़ें

- वेबसाइट: www.otakada.org
- वेल्थ बियॉन्ड वरी सीरीज़: www.wealthbeyondworryseries.com
- ईमेल: ambassador@otakada.org

- **इस काम में मदद करें:**

कवनेंट के तहत दान देकर किंगडम प्रोजेक्ट्स, मिशन और फ्री ग्लोबल रिसोर्स को सपोर्ट करें।

देने के लिए QR कोड स्कैन करें

https://tithe.ly/give?c=308311

आपकी दरियादिली से हमें ज़्यादा लोगों तक पहुँचने, रिसोर्स ट्रांसलेट करने, मिशनरियों को सपोर्ट करने और दुनिया भर में डिसाइपलशिप सिस्टम बनाने में मदद मिलती है। धन्यवाद!

लेखक का बायो

ज़ाकारियास गॉडसीगल

लेखक • शिक्षक • दूरदर्शी नेता

ज़ाकारियास गॉडसीगल वचन के एक जोशीले टीचर और मसीह के शरीर के लिए एक समझदार आवाज़ हैं। आध्यात्मिक समझ के लिए एक अनोखी कृपा लेकर, ज़ाकारियास साफ़-साफ़, भविष्यवाणी की गहराई और विश्वासियों को पवित्रता, ईश्वरीय भक्ति और मसीह के प्रति सच्चे समर्पण के साथ चलते हुए देखने की दिल से जलने वाली इच्छा के साथ सेवा करते हैं।

गॉड्स ईगल मिनिस्ट्रीज़ (GEM) के काम में एक साथी के तौर पर, वह डिसाइपलशिप कंटेंट, धर्मग्रंथों की रोशनी, और मीडिया-बेस्ड आउटरीच को आकार देने में अहम भूमिका निभाते हैं, जो डिजिटल और फिजिकल सीमाओं के पार लोगों के जीवन को छूता है। उनकी रचनाएँ अंदरूनी बदलाव, आज्ञाकारिता, और विश्वासी के दिल के सिंहासन पर मसीह की वापसी पर फोकस करती हैं।

ज़ाकारियास एक सीधी सी सोच से चलते हैं: **जब दिल एक साथ होता है, तो किस्मत भी एक साथ होती है।**

वह टीचिंग, मेंटरशिप और स्पिरिट से भरे क्रिएटिव प्रोजेक्ट्स के ज़रिए दुनिया भर के दर्शकों तक पहुँचते रहते हैं।

राजदूत मंडे ओ. ओगबे

लेखक • मिशनरी कम्युनिकेटर • संस्थापक, गॉड्स ईगल मिनिस्ट्रीज़ (GEM)

राजदूत सोमवार ओरियोजो ओग्वुओजो ओगबे **गॉड्स ईगल मिनिस्ट्रीज़** (GEM) के फाउंडर हैं — यह एक ग्लोबल मिशन है जिसका मकसद है "लोगों को उनके वचन के ज़रिए भगवान से जोड़ना।" सच्चाई, इमोशनल कहानी कहने और भविष्यवाणी सिखाने के अपने गहरे जुनून के लिए जाने जाने वाले, वे लिखने, पॉडकास्टिंग, फिल्म बनाने, डिजिटल प्रचार और शिष्य बनाने के ज़रिए अलग-अलग देशों में सेवा करते हैं।

लीडरशिप, मीडिया और मिशन में बैकग्राउंड के साथ, एम्बेसडर मंडे के पास एक क्रॉस-कल्चरल अभिषेक है जो अफ्रीका से लेकर एशिया, अमेरिका, यूरोप और मिडिल ईस्ट तक गूंजता है। उनकी शिक्षाएँ विश्वास करने वालों के दिल की छिपी लड़ाइयों का सामना करती हैं— लालच, पहचान की लड़ाई, आध्यात्मिक संतुष्टि, और भगवान के साथ करीबी का धीरे-धीरे खत्म होना।

वह कई भक्ति गीतों, बुक सीरीज़ और मल्टीमीडिया टीचिंग के लेखक हैं, जो otakada.org और GEM के डिजिटल प्लेटफॉर्म के ज़रिए लाखों लोगों तक पहुँचते हैं।

उनका जीवन संदेश आसान लेकिन गहरा है:

"जब क्राइस्ट सेंटर में बैठते हैं, तो बाकी सब कुछ अपनी सही जगह ले लेता है।"

कम्फर्ट लाडी ओगबे

लेखक • मध्यस्थ • सेवकाई में सह-श्रमिक

कम्फर्ट लाडी ओगबे गॉड्स ईगल मिनिस्ट्रीज़ के किंगडम असाइनमेंट में एक राइटर, इंटरसेसर और साथ काम करने वाली हैं। दया, समझदारी और दूसरों का ख्याल रखने वाली भावना से भरपूर, वह जिस भी प्रोजेक्ट को छूती हैं, उसमें इमोशनल गहराई और स्पिरिचुअल ग्राउंडिंग लाती हैं।

उनके योगदान में—अक्सर पर्दे के पीछे—विनम्रता, समझदारी और ठीक होने की खुशबू होती है। वे काउंसलिंग, प्रार्थना, शिष्य बनाने और क्रिएटिव सहयोग से आराम देती हैं, खासकर उन कामों में जो परिवार को फिर से बसाने, आध्यात्मिक रूप से समझदार होने और दिल बदलने पर ज़ोर देते हैं।

एक लेखक के तौर पर, वह अपने अनुभव और आध्यात्मिक विश्वास के आधार पर लिखती हैं, और पढ़ने वालों को मसीह में पूरी तरह से जीने के लिए साफ़ समझ, आराम और हिम्मत देती हैं।

कम्फर्ट विश्वासियों को न केवल ज्ञान में, बल्कि दैनिक जीवन में भी परमेश्वर का अनुभव करने में मदद करने के लिए प्रतिबद्ध है - जहाँ हृदय विश्वास करना, समर्पण करना और फलना-फूलना सीखता है।

लेखक पेज:
https://www.amazon.com/stores/Zacharias-Godseagle/author/B0FCZ89D4K

अनुशंसित पुस्तकें और संसाधन

पिलग्रिम कोड: एआई अवेकनिंग

ईबुक - https://www.amazon.com/Logos-Protocol-Awakening-artificial-intelligence-ebook/dp/B0FXNQFSWZ

पेपरबैक - https://www.amazon.com/Logos-Protocol-Awakening-artificial-intelligence/dp/B0FXNGR66D

हार्डबैक - https://www.amazon.com/Logos-Protocol-Awakening-artificial-intelligence/dp/B0FZNTQR6Y

पेपरबैक इनग्रामस्पार्क - https://shop.ingramspark.com/b/084?params=QkK4aNYTYO9U5z9uOkdHgc7Ue1eGDLqbb1tz9WRPaSk

मुक्ति क्यों विफल होती है - और परमेश्वर की अग्नि आत्मा को कैसे पुनर्स्थापित करती है: सर्वांगीण मुक्ति के लिए 40 दैनिक घोषणाएँ

ईबुक - https://www.amazon.com/Why-Deliverance-Fails-Declarations-All-Round-ebook/dp/B0FW74L4G4

पेपरबैक - https://www.amazon.com/Why-Deliverance-Fails-Declarations-All-Round/dp/B0FWB3LXRM

बचाया गया लेकिन खोया हुआ – शिष्यहीन धर्मांतरित – 25 भाषाओं में अनुवादित

किताबचा
https://shop.ingramspark.com/b/084?params=iYNB6S3PLMfREpm0jMM15bMe3BvWlkjcYyLYnHVGAds

ईबुक - https://www.amazon.com/SAVED-BUT-LOST-UNDISCIPLED-heartbreak-ebook/dp/B0FVJ29DF7

आध्यात्मिक युद्ध और रिकवरी के 7 दिन - यह पार्ट 1 है

दुश्मन को बांधना, तीरों को सात गुना करके वापस करना, और अपनी किस्मत को फिर से बनाना

https://shop.ingramspark.com/b/084?params=8mPzqUl73Ex7uPyeO7ydyt8EGkkB6u2gX1jZvWU8j1C

ई-बुक लिंक - https://www.amazon.com/DAYS-SPIRITUAL-WARFARE-RECOVERY-Returning-ebook/dp/B0FMPJM5KZ

7 दिन का आध्यात्मिक युद्ध और रिकवरी - पार्ट 2 - जीत पक्की करना, घर की बुराई तोड़ना, और अपनी वापस मिली किस्मत को बचाना

पेपरबैक - https://shop.ingramspark.com/b/084?params=LkpNmGSsApHhWhiSO7bW3wFmcXQKIO4ZEBeSbP5rL1S

ईबुक - https://www.amazon.com/DAYS-SPIRITUAL-WARFARE-RECOVERY-Wickedness-ebook/dp/B0FR9YCMY8

अंधेरे से राज तक: अंधेरे की छिपी पकड़ से आज़ाद होने के लिए 40 दिन

–

जागरूकता, मुक्ति और शक्ति की एक ग्लोबल भक्ति - आज़ाद होने के लिए तैयार लोगों, परिवारों और देशों के लिए

किताबचा

https://shop.ingramspark.com/b/084?params=aVgp21QfwJxNANkfMxIQ0yejuFCVY12KFr978SRkZUD

अमेज़न लिंक - https://www.amazon.com/DARKNESS-DOMINION-Devotional-Awareness-Deliverance-ebook/dp/B0FLDH2Y67

- ***डिलिवर्ड फ्रॉम द पावर ऑफ़ डार्कनेस* (पेपरबैक)** — यहाँ से खरीदें | Amazon पर ईबुक

    - **यूनाइटेड स्टेट्स से टॉप रिव्यू:**
        - **किंडल कस्टमर** : "अब तक की सबसे अच्छी क्रिश्चियन किताब!" (5 स्टार)

हर किसी को यह किताब पढ़ने की सलाह दूँगा ... क्योंकि पाप की मज़दूरी मौत है, लेकिन परमेश्वर का तोहफ़ा हमेशा की ज़िंदगी है। शालोम! शालोम!

- **डा गस्टर** : "यह एक बहुत ही दिलचस्प और अजीब किताब है।" (5 स्टार)

अगर किताब में कही गई बातें सच हैं, तो हम सच में दुश्मन की काबिलियत से बहुत पीछे हैं! ... जो कोई भी स्पिरिचुअल लड़ाई के बारे में सीखना चाहता है, उसके लिए यह ज़रूरी है।

- **वीज़ा** : "मुझे यह किताब बहुत पसंद आई" (5 स्टार)

यह आंखें खोलने वाला है... एक सच्चा कबूलनामा... हाल ही में मैं इसे खरीदने के लिए हर जगह ढूंढ रहा था। Amazon से इसे पाकर बहुत खुश हूं।

- **FrankJM** : "काफी अलग" (4 स्टार)

यह किताब मुझे याद दिलाती है कि असली आध्यात्मिक लड़ाई कितनी होती है। यह "परमेश्वर के पूरे कवच" को पहनने की वजह भी याद दिलाती है।

- **जेनजेन** : "जो कोई भी स्वर्ग जाना चाहता है - इसे पढ़ें!" (5 स्टार)

इस किताब ने मेरी ज़िंदगी बहुत बदल दी। जॉन रामिरेज़ की गवाही के साथ, यह आपको अपने विश्वास को अलग नज़रिए से देखने पर मजबूर कर देगी। मैंने इसे 6 बार पढ़ा है!

- *एक्स-सैटनिस्ट: द जेम्स एक्सचेंज* (पेपरबैक) — यहाँ से खरीदें | Amazon पर ईबुक

- ***एक अफ़्रीकी भूतपूर्व शैतानवादी की गवाही*** *- पादरी जोनास लुकुंट्ट मपाला* (पेपरबैक) — यहाँ से खरीदें | Amazon पर ईबुक

- *ग्रेटर एक्सप्लॉइट्स 14* (पेपरबैक) — यहाँ से खरीदें | Amazon पर ईबुक

- जॉन रामिरेज़ की किताब *आउट ऑफ़ द डेविल्स कॉल्ड्रॉन* — Amazon पर उपलब्ध है
- रेबेका ब्राउन की किताब '*ही केम टू सेट द कैप्टिव्स फ्री*' — Amazon पर खोजें

लेखक की पब्लिश की हुई दूसरी किताबें – 1000 से ज़्यादा टाइटल

प्यार किया, चुना और पूरा : रिजेक्शन से ठीक होने तक का 30 दिन का सफ़र, दुनिया की 40 भाषाओं में ट्रांसलेट किया गया
https://www.amazon.com/Loved-Chosen-Whole-Rejection-Restoration-ebook/dp/B0F9VSD8WL

https://shop.ingramspark.com/b/084?params=xga0WR16muFUwCoeMUBHQ6HwYjddLGpugQHb3DVa5hE

उनके कदमों में — 40-दिन का WWJD चैलेंज: दुनिया भर में असल ज़िंदगी की कहानियों में यीशु की तरह जीना

https://www.amazon.com/His-Steps-Challenge-Real-Life-Stories-ebook/dp/B0FCYTL5MG

https://shop.ingramspark.com/b/084?params=DuNTWS59IbkvSKtGFbCbEFdv3Zg0FaITUEvlK49yLzB

यीशु द्वार पर:
40 दिल दहला देने वाली कहानियाँ और आज के चर्चों के लिए स्वर्ग की आखिरी चेतावनी

https://www.amazon.com/dp/B0FDX31L9F

https://shop.ingramspark.com/b/084?params=TpdA5j8WPvw83glJ12N1B3nf8LQte2a1lIEy32bHcGg

वाचा का जीवन: व्यवस्थाविवरण 28 के आशीर्वाद में 40 दिन चलना

- https://www.amazon.com/dp/B0FFJCLDB5

वास्तविक लोगों की कहानियाँ, वास्तविक आज्ञाकारिता और वास्तविक

https://shop.ingramspark.com/b/084?params=bH3pzfz1zdCOLpbs7tZYJNYgGcYfU32VMz3J3a4e2Qt

20 से ज़्यादा भाषाओं में बदलाव

उसे जानना और उसे जानना:
ठीक होने, समझने और हमेशा रहने वाले प्यार के लिए 40 दिन

https://www.amazon.com/KNOWING-HER-HIM-Healing-Understanding-ebook/dp/B0FGC4V3D9

https://shop.ingramspark.com/b/084?params=vC6KCLoI7Nnum24BVmBtSme9i6k59p3oynaZOY4B9Rd

पूरा करें, मुकाबला नहीं:
उद्देश्य, एकता और सहयोग की 40-दिवसीय यात्रा

https://shop.ingramspark.com/b/084?params=5E4v1tHgeTqOOuEtfTYUzZDzLyXLee30cqYo0Ov9941

https://www.amazon.com/COMPLETE-NOT-COMPETE-Journey-Collaboration-ebook/dp/B0FGGL1XSQ/

डिवाइन हेल्थ कोड - भगवान के वचन और क्रिएशन के ज़रिए हीलिंग को एक्टिवेट करने के लिए 40 डेली कीज़ पौधों, प्रार्थना और भविष्यवाणी की हीलिंग पावर को अनलॉक करें

https://shop.ingramspark.com/b/084?params=xkZMrYcEHnrJDhe1wuHHYixZDViiArCeJ6PbNMTbTux

https://www.amazon.com/dp/B0FHJT42TK

https://www.amazon.com/stores/Ambassador-Monday-O.-Ogbe/author/B07MSBPFNX पर मिल सकती हैं

www.ingramcontent.com/pod-product-compliance
Lightning Source LLC
LaVergne TN
LVHW060257051026
849517LV00003B/836
* 9 7 9 8 2 9 5 4 5 1 2 8 7 *